인문학으로 만나는

마음공부

비 움 으 로 부 터 얻 는 자 유

인문학으로 만나는

마음공부

차경남 지음

글라이더

세상을 이끌어 가는 것은 인간이요,

인간을 이끌어 가는 것은 마음이다.

마음의 본질을 직접 파고드는 마음공부

허남결(동국대 불교학부 교수)

대부분의 사람들은 몸은 잘 알지만 정작 마음은 잘 모르고 사는 것 같다. 그래서일까. 몸을 가꾸기 위해서는 아낌없는 비용을 치르면서도 마음을 제대로 파악하려는 사람들은 찾아보기 힘들다. 아마도 마음의 본성 따위는 몰라도 사는 데 아무런 지장이 없다고 생각하기 때문일 것이다. 몸 하나 건사하기도 힘든데 마음까지 챙길 여유가 어디 있단 말이냐는 심정일지도 모르겠다.

그런데 이 책은 우리가 몸보다 마음이 훨씬 더 중요하다는 사실을 지금 당장 깨닫지 않으면 안 된다고, 조용한 목소리로 다그친다. 저자는 그런 마음의 정체성과 효용성을 (마치 연인에게 귓속말로 뭔가를 속삭이듯이) 독자들에게 조곤조곤 설명해준다. 어느 순간 우리는 저자가 의도한 대로 마음공부의 중요성을 인정하고 있는 자신을 발견할 수 있을 것이다.

심즉도心卽道, 마음이야말로 인간과 세상을 바꾸고 이끌어 가는 진짜 주인공이다. 그러나 우리가 마음이라고 부르는 그 오묘하고 신비한 세계를 정확하게 정의하는 일은 결코 쉬운 일이 아니다. 동서고금을 막론하고 마음의 정체를 밝히려는 수많은 인문학적 시도들이 결국 한계를 드러내고 만 것은 그와 같은 마음의 속성과 무관하지 않을 것으로 본다. 이러한 사실을 잘 알고 있는 저자는, 마음의 본질을 직접 파고드는 대신 지금까지 축적된 동서양의 위대한 가르침들 속에서 우리들의 마음을 있는 그대로 보고 올바로 다룰 수 있는 수행방법을 제안하고자 한다. 특히 저자는 노자의 사상을 잇고 있는 장자의 명상이론을 집중적으로 소개하고 있다.

무엇보다도 다행인 것은 이 책이 지난 몇 년간 크게 유행했던 상업적 힐링 서적이 아니라 저자의 풍부한 인문학적 지식과 독창적 해석을 바탕으로 우리들의 마음공부를 자연스럽게 유도하고 있다는 점이다. 이해하기 쉽고, 재미있으면서도 유익한 마음공부 이야기를 따라가다 보면 평범한 우리도 어느샌가 일정한 마음의 경지에 이르게 될지도 모를 일이다.

기독교의 《성경》을 보면 세례자 요한이 "나는 너희에게 물로 세례를 주었지만, 그분께서는 너희에게 성령으로 세례를 주실 것이다"라는 대목이 나옵니다. 세례에는 두 가지가 있는데 그중 하나는 물의 세례요, 다른 하나는 성령의 세례입니다. 무언가를 세척하는데 물보다 좋은 것은 없습니다. 물은 더러워진 것들을 깨끗이 씻어주는데, 우리가 매일 세수하고 목욕하는 것도 어쩌면 나름대로 종교적 의미가 있는 것인지도 모릅니다.

그러나 물의 효용은 여기까지입니다. 물이 피부와 살을 뚫고 들어갈 수는 없습니다. 우리 내면에 있는 마음(心)의 때는 물로 씻어낼 수 없다는 의미입니다. 그러면 우리는 무엇으로 마음의 때를 씻어낼 수 있을까요? 세례자 요한은 "그대는 그대 영혼의 때와 죄업을 무엇으로 씻으려 하는가?"라고 이야기합니다.

그가 제시하는 것은 이른바 성령의 세례입니다. 그러므로 세례자 요한의 이야기를 쉽게 풀어보면 세례에는 두 가지가 있는데 하나는 몸을 씻는 것이고, 다른 하나는 마음을 씻는 것이라 할 수 있습니다.

그런데《장자》를 보면 이와 비슷한 이야기가 있습니다.《장자》〈인간세〉편의 '심재心齋' 설법이 그것입니다.

"재계齋戒하라. 그대에게 말한다만 작위적인 마음을 가지고 행동한다면 어찌 잘 되겠느냐? 잘 된다고 생각하는 자가 있다면 하늘이 마땅치 않게 여길 것이다." 이에 안회가 말했다. "저희 집은 가난해서 술도 못 마시고 고기도 먹어본 지 여러 달이 됩니다. 이 정도면 재계라 할 수 있지 않을까요?" 공자가 대답했다. "그것은 제사지재(祭祀之齋, 제사 때의 재계)이지, 심재(心齋, 마음의 재계)가 아니다." 그러자 안회가 말했다. "부디 심재에 대해 가르쳐주십시오." 공자가 대답했다. "그대는 생각을 없애고 마음을 하나로 통일하라. … (중략) … 도道란 오직 텅 빈 허虛에 모이는 법, 이렇게 마음을 텅 비우는 것이 곧 심재이니라."

장자는 여기서 두 가지 재계齋戒를 말하고 있습니다. 제사 때 하는 목욕재계와 심재心齋 즉 마음의 재계입니다. 중근동中近東에서 '세례'가 중요했던 것 못지않게 우리 동아시아에서는 '제사祭祀'가 중요했습니다. 아마 목욕이라는 일상적 행위를 제사와 결부시켜 목욕재계라는 종교적 행위로 끌어올린 것은 동아시아의 한 특색이라 할 것입니다. 그런데 여기서 장자는 '목욕재계'로는 부족하고 하늘의 도를 알기 위해서는 '심재'를 해야 한다고 말하고 있습니다. 요컨대 장자도 세례자 요한과 마찬가지로 두 가지 이야기, 즉 몸을 정화하는 이야기와 마음을 정화하는 이야기를 하고 있는 것입니다.

두 사람의 이야기는 상당히 다른 용어와 개념을 구사하고 있지만, 이 이야기들은 본질적으로 공통된 것을 가리키고 있습니다. 우주의 절대자, 우주의 근원을 가리키는 용어와 개념은 민족과 나라마다 다릅니다. 팔레스타인에서는 그것을 성령이요, 하느님이라고 하는 반면, 우리 동아시아에서는 하늘이요, 도道라고 부릅니다. 지금 두 사람의 이야기는 이 주변을 맴돌고 있습니다. 요컨대 하늘에 계신 아버지를 가까이 하거나, 하늘의 도를 가까이 하기 위해서는 성령의 세례(기독교)를 받거나 심재(도교)를 해야 한다는 뜻입니다.

그러면 이 문제에 대해 종교적인 겉치레는 걷어치우고 순수하게 인간 마음의 관점에서 접근해봅시다. 대체 성령의 세례 혹은 심재에 들 때 우리 인간의 마음은 어떤 상태일까요? 자기 일신상의 결핍과 부족, 요구와 희망사항 등 넓은 의미의 근심과 걱정 내지 번뇌와 망상으로 마음이 꽉 찬 상태일까요? 아니면 정반대로 이런 여러 가지 잡다한 생각이나 번뇌를 다 내려놓은 텅 빈 마음의 상태일까요? 당연히 후자입니다. 이것은 사실 어린아이도 알 만한 일입니다. 하늘에 있는 어떤 거룩하고 위대한 존재가 그 모습을 드러내려 하는데 우리 인간이 잡생각에 가득 차 있으면 그게 되겠습니까? 요컨대 마음이 텅 비어 일체의 잡된 사념의 티가 끼지 않는 순수한 상태, 이것

인문학으로 만나는 마음공부

이 바로 성령의 세례를 받는 상황이요, 심재에 임하는 상황입니다. 마음이 텅 비어야 합니다. 마음이 완전히 텅 비어야 그 안에 하느님 이니, 도니, 진리니 하는 것들이 들어올 수 있습니다.

텅 빈 이 마음, 이것을 예수는 '가난한 마음'이라 불렀고, 노자는 '허虛'라 불렀습니다. 텅 빈 이 마음, 이것을 붓다는 '공空'이라 불렀고, 장자는 '심재' 혹은 '좌망坐忘'이라 불렀습니다. 예수의 '가난한 마음', 노자의 '허', 붓다의 '공', 장자의 '심재'와 '좌망' 등 이 모든 것은 다 같은 것입니다. 이것이 바로 우리의 본래 마음, 우리의 참마음입니다.

우리는 그동안 무엇에 그리 바빴는지 우리의 참마음을 잃어버렸습니다. 집 나온 탕아 마냥 우리는 아버지의 집을 잊어버리고 엄한 데를 헤매며 다니고 있습니다. 마음공부란 다른 것이 아닙니다. 아버지의 집을 찾아가는 것입니다. 우리의 참마음을 찾아가는 것입니다. 참마음에 도달한 어리석은 자아, 이것이 바로 돌아온 탕아입니다. 아버지의 집에 당도한 어리석은 중생, 이것이 바로 깨달은 부처입니다. 우리가 부처까지는 못되더라도 탕아는 면해야 하지 않겠습니까? 그리고 돌아온 탕아에게는 아버지가 큰 잔치를 열어주시지 않겠습니까? 저는 다만 여러분 모두가 이 잔치의 주인공이 될 수 있도록 초대장을 보내는 마음으로 이 책을 썼습니다.

2019년 3월
경기도 청평에서

| **차례** |

인문학으로 만나는 마음공부

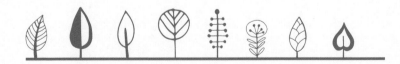

인문학으로 만나는 마음공부

1강

심心

노자의 심(心)

노자의 심은 텅 빈 '허심虛心'의 심입니다. 천지가 개벽한 이래 노자는 처음으로 우리 인류에게 허虛, 즉 순수의식에 대해 이야기해준 스승입니다. 우리는 노자가 말한 허를 잊으면 안 됩니다. 딴 사람들이 모두 '채움'을 이야기할 때 그는 홀로 '비움'을 이야기했습니다. 채우면 막히게 되고 비우면 열리게 됩니다. 인류 문명이 탐욕과 악덕 속에서도 아주 멸하지 않고 그나마 이렇게라도 온존하고 있는 것은 노자의 비움 덕택인지도 모릅니다.

하늘과 땅 사이는 마치 풀무와도 같은 것,
텅 비어 있으되 다함이 없고, 움직일수록 더욱 나온다.

- 《도덕경》 5장

텅 빈 허에 도달하라.
깊은 고요를 유지하라.
그러면 만물들 어지러이 일어나는 가운데
나는 그 되돌아감을 볼 수 있나니.

- 《도덕경》 16장

마음의 내용물은 인간이 만든 것이나, 마음 자체는 인간이 만들 수 없습니다. 학문은 인간의 머리로 구축한 세계이지만 도道는 인간 이전에 존재하는 우주의 참 모습입니다. 학문은 하루하루 쌓아가는 것이나, 도는 하루하루 덜어내는 것입니다.

인문학으로 만나는 마음공부

인간의 마음속에 가득 차 있는 논리, 지식, 생각, 관념을 덜어내십시오. 덜어내고 덜어내어 마지막 인위人爲의 한 점까지 덜어내십시오. 그리하여 무위無爲에 이르십시오. 무위는 세상을 살면서 한 인간이 도달할 수 있는 존재의 가장 높은 차원입니다. 무위는 조작과 인위가 사라진 하늘 마음이며, 자아가 개입하지 않는 순수한 마음이며, 가장 깨끗한 본래 마음이며, 우주와 하나 된 텅 빈 마음입니다.

텅 비어 만물과 하나가 되면 세상에 이루지 못할 것이 없습니다. 이것을 노자는 '무위이 무불위無爲而 無不爲'라 하였습니다. 궁극의 수동성(無爲)에서 만능의 활동성(無不爲)이 나오는 것입니다. 나를 비워야 궁극의 수동성에 도달할 수 있습니다. 노자의 심은 허심의 심입니다. 이 심은 광대무변하여 모든 것을 보듬어줍니다. 허 안에서 모든 생명은 자신의 근원으로 돌아갑니다. 거기에서 스스로 고요해지고 휴식하며 회복됩니다. 허 속에 자기라는 것은 없습니다. 허는 자기가 만드는 것이 아닙니다. 오히려 스스로를 지우는 것입니다. 허는 자기가 소멸하여 없는 것이며, 마음이 소멸하여 없는 것이며, 생각이 소멸하여 없는 것입니다.

이렇게 잡된 것을 다 거둬내고 나면 그 텅 빈 자리에 하늘의 이치가 나타나고 환한 빛이 드러나며 영원한 생명이 충만해집니다. 이것이 노자의 허입니다. 저는 틈나는 대로 노자의 허를 가까이 하려 합니다.

장자의 심(心)

장자의 심은 '심재心齋'의 심입니다. 심재의 재齋는 무엇입니까? 그것은 목욕재계沐浴齋戒 할 때의 재입니다. 목욕재계를 하고 나면 어떻습니까? 때가 하나도 없이 깨끗하고 순수한 몸이 됩니다. 그러면 마음의 재란 무엇일까요? 그것은 마음의 때를 닦아내어 얼을 맑고 순수하게 하는 것입니다.

그러면 어떻게 마음의 때를 닦아냅니까? 솔로 문지르나요? 때 타월로 닦아내나요? 마음의 때는 그렇게 닦을 수 없습니다. 그럼, 장자가 말한 심재는 무엇입니까?

장자가 말한 심재는 그보다 한 차원 높은 것입니다. 장자가 말한 심재는 마음의 소멸이며, 자아의 소멸입니다. 그것은 노자의 허虛와 같은 것입니다. 그것이 바로 순수의식이며, 초의식입니다. 노자의 허가 너무 깊고 오묘하여 사람들이 어디에서부터 시작해야 할 줄을 모르고 있을 때, '마음(心)'에서부터 시작하면 된다는 것을 장자가 사람들에게 알려주었던 것입니다. 장자는 말했습니다.

"도는 오로지 텅 빈 곳(虛)에 모이는 법, 이렇게 마음을 텅 비우는 것이 심재이니라."

그렇습니다. 마음에서 시작해서 마음의 길을 따라가다 마음이 소멸하는 지점까지 나아가는 것, 이것이 심재이고 좌망입니다. 심재와

인문학으로 만나는 마음공부

좌망은 세상의 지식과 학문으로는 알 수 없습니다. 심재, 좌망은 말과 문자로 알 수 없습니다. 이것이 장자의 심心입니다.

그러나 장자는 이것만 가지고는 양이 차지 않습니다. 장자는 장난기 많은 사람이고, 풍자와 조롱에 능한 사람이며, 파격을 즐기는 호탕한 사람입니다. 그에게는 이 세상이 비좁습니다. 그는 우주 밖으로 뛰쳐나갑니다. 저 넓은 우주창공으로 훨훨 날아오릅니다. 이것이 장자의 '소요유逍遙遊'입니다.

장자는 노자의 '허虛'에 더하여
새로운 선물을 우리 인류에게 하나 더 주었습니다.
그것은 바로 '유遊'의 철학입니다.
저는 장자의 유를 높이 평가하고 싶습니다.
지구상에 여러 종교와 철학이 있지만
장자와 같은 유의 철학은 보기 드뭅니다.
그것은 깨달은 사람이 많은 인도 땅에도,
철학자 많은 독일 땅에도 없는 개념이며,
중동이나 이스라엘 땅에는 더더욱 없는 개념입니다.

장자는 온 생명과 더불어
그리고 온 우주와 더불어
존재의 춤을 훨훨 추며

자유롭게 노니는 사람입니다.

그는 장자이면서 동시에 나비이고

나비이면서 동시에 장자입니다.

이 사람은 마음이 넓고 광대하여

어느 누구도 증오하지 않으며 미워하지 않고,

민족이니 국가니, 믿음이니 종교니 하는 따위를

저만치 넘어서 있는 사람입니다.

오늘날 지구상의 모든 철학과 종교는

장자에게서 저 유의 마음을 배워야 합니다.

황제의 심(心)

황제의 심은 '심기혈병心氣血病'의 심입니다.

몸이 병들기 전인 최초의 관문으로서의 심입니다.

노자와 장자의 심은 너무 깊고 철학적이어서

일반인들이 접근하기가 어렵습니다.

그들은 하늘에서부터 시작해서 심으로 내려오기 때문입니다.

그러나 황제의 심은 쉽습니다.

그는 몸에서 시작해서 마음으로 나아가기 때문입니다.

그는 몸에서 출발하여 병을 살피고

다시 기혈氣血을 살핀 후에 자연스럽게 심에 이릅니다.

그래서 그가 하는 심 이야기에는 어려운 점이 없습니다.

인문학으로 만나는 마음공부

황제의 말을 듣다 보면 우리는

인간의 심이 얼마나 나쁜 놈인지 깜짝 놀라게 됩니다.

황제는 몸 철학자입니다. 그는 몸을 옹호합니다.

그에 의하면 우리 몸은 조물주의 위대한 걸작품입니다.

몸에는 천지자연의 원리가 고스란히 구현돼 있습니다.

남지도 부족하지도 않게

음양의 조화와 균형이 완벽히 이루어져 있습니다.

몸은 자연입니다. 인간이 만든 것이 아닙니다.

거기에는 심오한 천지의 도가 들어 있습니다.

그런데 그걸 교란시키는 자가 있습니다.

그자가 바로 마음입니다.

그 마음은 자연이 아닙니다. 인위이고 유위입니다.

그놈은 인간이 만들었습니다. 인간이 만든 욕망이란 것이

하늘이 만든 몸을 병들게 하고 있습니다.

이것이 황제가 말하는 심기혈병 4단계론입니다.

몸은 아무 죄가 없습니다.

몸은 억울합니다.

몸은 희생양입니다.

몸은 마음이라는 주인을 잘못 만난 죄밖에 없습니다.

죄와 벌이 잘못 시행되고 있습니다.

죄는 마음이 지었는데 왜 벌은 몸이 받아야 합니까?

탐욕스런 짓, 바보 같은 짓, 어리석은 짓은 마음이 했는데
왜 그 죗값은 몸이 치러야 하는 겁니까?

황제는 몸의 이러한 절규와 외침을 깊이 알아들었습니다.
그래서 무고한 몸, 죄 없는 몸, 억울한 몸을 보호해주어야겠다고
생각했습니다.
그리하여 제 분수도 모르고 함부로 날뛰는 마음을 불러 크게 호
통 쳤습니다.
"마음(心)이여, 어리석은 자여!
너로 인해 기氣에 울결이 생기고
너로 인해 혈血에 어혈이 생기며
너로 인해 몸이 병病드는구나."
이것이 바로 황제의 심기혈병 4단계 이론입니다.

이 우주는 처음부터 음양으로 짜여 있습니다.
음양을 벗어난 것은 우주 안에 하나도 없습니다.
비유적으로 말하자면
지금 우주는 천지만물이라는 큰 피륙을 짜고 있는데,
우주의 모든 피륙은 음과 양이라는 실로 짜여 있는 것입니다.
그래서 그 실 두 가닥을 알면
삼라만상의 변화를 알 수 있습니다.
그 실 두 가닥이 오묘하게 짜여

인문학으로 만나는 마음공부

하늘아래 가장 위대한 걸작품이 된 것이 사람의 몸인데,

누군가 어리석은 이가 있어

하늘이 짠 이 피륙에서 음양의 실을 함부로 교란시키고 있나니,

그 자가 바로 심心입니다.

붓다의 심(心)

붓다의 심은 '색즉시공色卽是空'의 심입니다.

사람의 마음은 색(육신) 속에 갇혀 있는 듯 보이지만

사실은 색 속에 갇혀 있는 존재가 아니며,

영원하고 무한한 하늘의 마음입니다.

그래서 붓다는 육신(색)에 사로잡힌 우리의 미망을 부수기 위해

'색즉시공'이라는 전례 없는 선언을 하였던 것입니다.

태초에 공空이 있었습니다.

공은 우주의 어버이이며

우주의 영靈이며, 우주의 마음입니다.

이 공으로부터 세상 천지만물이 생生하였습니다.

이것이 빅뱅(Bing-Bang)과도 흡사한

이른바 '공으로부터의 천지창조'입니다.

이때 모든 만물 속으로 공空의 성품이 흘러들어 갔습니다.

그리하여 공이 색色 속에 육화하게 된 것입니다.

하느님의 영이 우리 육신 속으로 들어오게 된 것입니다.

이것이 바로 '색즉시공'입니다.

'나(色)' 안에 다름 아닌 하느님의 영靈이 들어와 계십니다.

나의 본질이 하느님의 본질과 하나입니다.

하느님의 영은 불멸이며, 무한이며, 초월절대입니다.

우리 마음도 불멸이며, 무한이며, 초월절대입니다.

하느님의 영은 빛이며 생명입니다.

우리 마음도 빛이며 생명입니다.

이것이 우리의 본마음이며 본래 면목입니다.

그런데 세상 속에 살면서 우리 본마음은

점점 몸속에 갇힌 신세가 되고 말았습니다.

그러자 자기 본분을 망각한 의식이

육신을 자기 자신으로 착각하게 되고 만 것입니다.

자신이 왕의 아들인데도 이것을 모르고

거지의 아들로 살고 있는 것입니다.

가령, 오리에게 '각인효과'라는 것이 있습니다.

오리는 알에서 깨어나 처음 보는 대상을 자기 엄마로 뇌에 각인시키는데, 이 잘못된 착각이 죽을 때까지 지속되는 현상입니다. 그래서 엄마 오리가 죽어 이를 불쌍히 여긴 주인집 어린 딸이 어린 새끼오리를 돌봐주었더니 죽을 때까지 새끼오리들이 주인집 딸을 자기 엄마로 알고 졸졸 따라다니는 겁니다.

인문학으로 만나는 마음공부

인간의 마음도 이와 같습니다.

영원불멸하며 무한광대하던 의식이

어느 날 태어나 문득 인간의 몸에 갇히자

자기 본분을 망각하고서 자신을 육신으로 착각하여

이 잘못된 각인효과를 죽을 때까지 끌고 가는 것입니다.

이것을 붓다는 근원적 무지, 즉 '무명無明'이라 하였습니다.

여기서 붓다의 저 '색즉시공' 선언이 등장합니다.

붓다의 '색즉시공'은 다름 아닌 우리 인간의 출생의 비밀을 폭로한 것입니다.

　　"착각하지 마라.

　　그대는 거지의 자식이 아니다.

　　그대는 왕의 자식이다."

놀라운 소식이 아닐 수 없습니다. 우리는 우리 호적을 잘못 알고 있습니다.

　　"그대는 잘못된 각인효과를 버려라.

　　그대는 잘못된 출생의 비밀에 속지 말아라.

　　그대는 비록 육신에 갇혀 있으나

　　그대는 육신이 아니다. 망상을 깨라.

　　그대의 본질은 하느님의 본질과 하나이며

그대(色) 안에 하느님의 영(靈)이 들어와 계신다."

이것이 '색즉시공'의 의미이고, 붓다가 전해준 우리 마음(心)입니다.

예수의 심(心)

예수의 심은 '가난한 마음'의 심입니다.

예수는 '어떻게 하면 부자가 될까?'를 늘 생각하는 사람들에게 이렇게 일침을 가했습니다.

"마음이 가난한 자는 복이 있나니,

하늘나라가 그들의 것이니라."

예수가 말한 '마음의 가난'이란 어떤 것일까요?

예수가 재물의 차원에서 가난을 이야기했을까요?

아닙니다. 예수는 존재론의 차원에서 가난을 이야기한 것입니다.

그러므로 이것은 물질적 가난이 아니라 존재론적 가난입니다.

다시 말해 이것은 존재론적으로 텅 비어 있는 마음,

즉 노자의 허심과 같은 것입니다.

이렇게 티끌이나 때 묻은 것 없이 텅 비어 있기 때문에

하늘나라가 거기에 들어올 수 있는 것입니다.

만약 마음 안에 생각이나 욕심이 가득 차 있다면

어떻게 하늘나라가 거기에 들어올 수 있겠습니까?

예수는 어떻게 기도 하오리까 묻는 제자들에게 주기도문을 알려주었습니다.

"하늘에 계신 우리 아버지

아버지의 이름이 거룩히 빛나시며

아버지의 나라가 오시며

아버지의 뜻이 하늘에서와 같이

땅에서도 이루어지소서.

오늘 우리에게 일용할 양식을 주시고

우리가 우리에게 죄 지은 자를 용서하듯이

우리의 죄를 용서하시고

우리를 유혹에 빠지지 않게 하시고

다만 악에서 구하소서. 아멘."

우리는 기도를 하면 허구한 날

이거 달라 저거 달라, 뭐가 모자란다, 뭐가 부족하다 하지만

애당초 예수는 그런 기도 따위는 해서는 안 된다며

위의 기도를 알려준 것입니다.

예수의 주기도문은 한마디로 '자기를 비우는' 마음공부입니다.

자기 생각을 비우고, 자기 욕심을 비우고, 자기 뜻을 비워야 합니다.

그래야 '아버지의 뜻'이 하늘에서와 같이 땅에서도 이루어지게
됩니다.

그런데 많은 사람들은 '자기 뜻'을 이루기 위해 기도합니다.

그것은 기도가 아닙니다.

그것은 망상입니다.

마음을 텅 비우는 것이 기도입니다.

자기 생각을 내려놓는 것이 기도입니다.

입을 닫고 귀를 여는 것이 기도입니다.

마음속에 가득 차 있는

생각, 사념, 지식, 개념 등을 내려놓으십시오.

이것이 진정한 기도입니다.

인간에게 두 가지 마음이 있습니다.

첫째는 순수의식이요, 둘째는 오염의식입니다.

순수의식은 나의 욕구에 의해 더럽혀지지 않은 텅 빈 마음이며,

가난한 마음이며, 하늘마음이며, 우주의식입니다.

그러기에 순수의식은 '아버지의 뜻'입니다.

반면 오염의식은 나의 욕구와 욕망이며, 자의식이고,

이런저런 생각으로 꽉 찬 마음이며, 개체의식입니다.

그러기에 오염의식은 '자기 뜻'입니다.

인문학으로 만나는 마음공부

우리가 우주의식을 등지고 개체의식에 사로잡히면

우리 마음은 순수성을 잃게 됩니다.

이것이 바로 '타락'입니다.

그러면 부지불식간에 모든 죄악이 내 곁에 머무르게 됩니다.

인생의 모든 어둠은 개체의식에서 나오는 것입니다.

예수가 주기도문에서 말한 죄와 유혹과 악이 무엇이겠습니까?

그것은 바로 '개체의식'을 자기라고 생각하는 태도입니다.

개체의식에 매몰되는 순간 우리 인간은

온갖 죄와 유혹과 악에 물들게 되는 것입니다.

명상과 기도란

오염된 개체의식을 벗어나서

순수한 우주의식 속으로 들어가는 행위입니다.

마음이 사념과 망상 등을 몰아내고 몰아내서

점점 고요해지고 텅 비게 되는 것입니다.

이것이 바로 예수가 말한 '가난한 마음'이며

'아버지의 뜻'을 따르는 마음입니다.

'자기 뜻'으로 '아버지의 뜻'을 이기려 하는 행위를

노자는 인위요, 작위라 불렀습니다.

노자는 인위와 작위를 버리고

무위자연을 따르며 살라고 가르쳤습니다.

그러므로 노자가 '무위자연'을 따르라고 가르친 것은
예수가 '아버지의 뜻'을 따르라고 가르친 것과 같은 것입니다.

프로이트의 심(心)

프로이트의 심은 '병든 심'입니다.

그의 심은 '심 이하의 심'입니다.

우리가 앞서 살펴본 동양의 현자들, 깨달은 이들의 심은

'심 이상의 심'입니다.

'심 이상의 심'과 '심 이하의 심'은 결코 같을 수가 없습니다.

'심 이하의 심'을 우리는 병리학이라 부르며

'심 이상의 심'을 우리는 초인학이라 부릅니다.

인간의 마음은 병들었습니다.

그래서 당연히 치료해야 합니다.

그러므로 병리학이 나쁜 것은 아닙니다.

나쁜 것은 병리학을 마음의 전부라고 보는 것입니다.

병리학은 마음의 작은 일부입니다. 그것도 병든 일부입니다.

프로이트가 병리학에 머물렀던 것은 그가 환자들에 둘러싸여 있었기 때문입니다.

프로이트는 한 번도 현자들, 진인眞人들, 신인神人들을 만나보지 못했습니다.

그는 인간의 마음을 반쪽만 보았습니다.

그는 인간 마음의 전체를 보지 못했습니다.

그는 특히 꿈에 주목했습니다.

그는 꿈을 매우 중요한 것으로 생각하고 이것을 오래 연구했습니다.

그러나 꿈은 전혀 중요한 것이 아닙니다. 특별한 것도 아닙니다.

낮에 생각이 많은 사람이 밤에 꿈꾸는 것입니다.

생각(思)은 낮에 꾸는 꿈(夢)이고, 꿈은 밤에 하는 생각입니다.

꿈과 생각은 그 재료가 같은 것입니다.

낮에 마음속에서 떠다니는 여러 생각들을

잘 갈무리하는 사람은 밤에 별로 꿈을 꾸지 않습니다.

마음속이 늘 맑고 고요한데 꿈꿀 일이 뭐가 있겠습니까?

꿈을 중요하게 생각지 마십시오.

꿈이 중요한 것이 아니라 꿈을 꾸는 그 사람이 중요한 것입니다.

그러니 꿈에 대해 주의를 기울이는 것보다

꿈을 제조해내는 그 사람에 대해 주의를 기울이시기 바랍니다.

장자는 이렇게 말했습니다.

옛날의 진인은 잠자도 꿈꾸지 않고

깨어 있어도 근심이 없었다.

(古眞人 寢不夢 覺無憂)

진인의 특징은 잠잘 때 꿈이 없다는 점입니다.

이것은 소위 '대인무몽大人無夢'과 같은 의미입니다.

꿈이 없어야 합니다. 꿈을 꾸는 것은 좋은 것이 아닙니다.

무의식에는 두 가지가 있습니다.

하나는 단절적 무의식이고, 다른 하나는 계시적 무의식입니다.

전자는 나와 우주 간에 소통이 단절됐을 때 생기는 고통스러운 것이고,

후자는 나와 천지의 정신이 왕래할 때 생기는 축복된 것입니다.

전자는 병으로써 거기서 벗어나야 하는 것이고,

후자는 은총으로써 그리로 돌아가야 할 곳입니다.

프로이트가 무의식을 발견했다고 하나,

그가 발견한 것은 단절적 무의식입니다.

그는 끝까지 계시적 무의식을 알지 못했습니다.

인간의 마음은 세 겹으로 되어있습니다.

첫째가 의식의 층이고,

둘째가 무의식의 층이며,

셋째가 초의식의 층입니다.

서양의 철학과 종교는 플라톤 때부터 수천 년 동안

오직 의식의 층만을 알았습니다.

나머지 두 층을 몰랐습니다.

인문학으로 만나는 마음공부

그러다가 프로이트에 와서 비로소 무의식의 층을 알게 된 것입니다. 이것이 프로이트의 공헌이라면 공헌입니다.

그러나 프로이트는 여전히 초의식의 층을 모릅니다.
이른바 서양 심리학의 창시자가
인간 심리의 가장 심오한 영역을 알지 못하는 것입니다.
그는 무의식을 연구하다 무의식 속에서 죽은 사람이지,
그의 의식은 한 번도 초의식과 연결되지 못했습니다.
이것은 비단 그만의 문제가 아닙니다.
그의 제자들도 마찬가지입니다.
정신분석학을 포함한 서구 심리학 전체는
아직도 초의식의 존재를 알지 못합니다.
이것이 서구 심리학이 안고 있는 근원적인 한계입니다.
그들이 다루고 있는 것은 인간 심心의 총체가 아닙니다.
그들은 다만 병적인 일부만을 다루고 있습니다.
이런 이유로 저는 프로이트의 심을 '심 이하의 심'이라 부릅니다.

우리 모두의 심(心)

우리 모두의 심은 오갈 데 없는 심입니다.
이리저리 갈팡질팡하는 심입니다.
위로받고 싶은 심입니다.
확실한 것이 있다면 무엇이든 붙들고 싶은 심입니다.

불안한 심이며, 괴로운 심입니다.

우리는 이 불안과 고뇌를 어찌할까요?

혜가가 달마를 만났을 때의 이야기입니다.

혜가는 세상의 온갖 학문을 다 익혔지만 마치 파우스트처럼 지식에 절망하였습니다. 그는 진리에 목말라 했습니다.

그리하여 그는 진리를 구하고자 눈이 수북이 쌓인 정원에서 팔을 하나 잘라 달마에게 바쳤습니다. 그렇게 달마의 문하에 들어왔지만 인생의 중대사는 여전히 풀리지 않았습니다.

정진에 정진을 거듭하던 어느 날 그는 달마에게 물었습니다.

"스승님, 저는 궁극의 진리를 얻기 위해 노력해왔습니다. 그러나 저는 아직도 진리를 깨우치지 못했습니다. 제 마음이 불안합니다."

그러자 달마가 대답했습니다.

"그렇다면 너의 마음을 내놓아 보아라. 내가 너의 그 마음을 편안하게 해주겠다."

그렇게 하고 며칠이 지나 혜가는 달마 앞에 다시 나타났습니다.

달마는 재차 말했습니다.

"너의 마음을 내놓아라."

혜가가 대답했습니다.

"스승님, 내놓을 어떠한 마음도 없습니다.

제 마음을 찾아보았으나 찾을 수가 없습니다.”

그러자 달마는 미소 지으며 이렇게 말했습니다.

“내가 이미 너의 마음을 편안하게 해주었노라.”

이것이 달마와 혜가 사이에 있었던 유명한 안심安心 법문입니다.

달마는 무슨 마술을 부린 걸까요?

달마는 어떤 마술도 부리지 않았습니다.

다만, 달마는 혜가에게 마음을 '관觀'할 수 있도록 이끈 것뿐입니다.

우리 마음 안에는 많은 생각과 감정이 떠다닙니다.

그러나 생각과 감정은 언젠가는 떠납니다.

즉, 생각과 감정은 주인이 아닙니다.

생각과 감정은 마음이라는 여관에 와서 하룻밤 묵고 떠나는 객에 불과한 것입니다.

만약 주인이 어리석으면 객이 돈도 안내고 며칠씩 묵으려 할 것이나 주인이 밝게 깨닫고 있으면 객은 바로 떠날 것입니다.

명상 안에서 일어나는 일이 바로 이것입니다.

주인과 객을 알아보는 것, 이것이 명상의 전부입니다.

객이 아무리 기승을 부려도 언젠가는 떠납니다.

떠나는 것은 객이고 머무는 것은 주인입니다.

객과 주인이라는 두 마디 단어를 알아차리면 마음의 모든 문제는 정리정돈됩니다.

그러나 우리 범부들은 주인과 객을 못 알아봅니다.

오히려 객이 주인 행세를 합니다.

이것이 바로 주객전도가 아니고 무엇이겠습니까?

달마가 혜가에게 '너의 마음을 내놓아 보아라'라고 말했을 때 혜가는 그 말뜻을 알아차렸습니다. 그리하여 마음을 관하였고, 마침내 주인과 객을 알아보게 되자 객이 제 발로 여관에서 나갔습니다.

그러자 혜가는 달마에게 와서 환한 얼굴로

"스승님, 제 마음을 찾아보았으나 찾을 수가 없습니다."라고 하였던 것입니다.

2강

뇌

하늘마음

하늘이 하늘인 이유는 무엇입니까?

그것은 하늘이 아무것도 지니지 않았기 때문입니다.

만약 하늘이 무언가를 지녔다면,

하늘은 그 순간 하나의 물체가 되고 말았을 것입니다.

아무것도 제 몸에 지니지 않았기에

오히려 하늘은 모든 것을 품을 수 있게 된 겁니다.

그래서 하늘이 된 겁니다.

하늘엔 때로 먼지나 먹구름 같은 것이 가득할 때가 있습니다.

그때도 하늘은 전혀 개의치 않습니다.

그러다 먼지나 먹구름 같은 것들은 언젠가 사라지고 없습니다.

그러면 다시 텅 빈 본래의 하늘이 나타납니다.

마음도 그러합니다.

마음은 본시 아무것도 지니지 않은 텅 빈 허공과 같습니다.

아무것도 지니지 않고, 담아두지 않기에

마음은 천지만물을 품을 수 있는 겁니다.

이 마음이 우리의 본래 마음입니다.

마음속에 때로 생각과 잡념과 티끌이 어지러이 떠다닐 때가 있습니다.

인문학으로 만나는 마음공부

에고의 자식들이 자기 주장을 강하게 할 때가 있는 것이지요.

허나, 그런 것들도 모두 때가 되면 사라집니다.

그러면 다시 텅 빈 마음이 나타납니다.

이 마음이 우리 존재의 참 본질입니다.

텅 비어 있는 이 마음은 축복이며 은총이며 구원입니다.

이 마음이 하늘마음입니다.

호모 사피엔스

이 우주에 고통에 매우 민감한 짐승이 하나 있습니다. 스스로를 영장류라 칭하는 이 짐승은 온갖 좋은 것을 다 먹고 마시며, 온갖 좋은 것을 몸에 걸치고, 겨울이면 따뜻하고 여름이면 시원한 데서 기거하면서 어떤 짐승도 누리지 못하는 고급 호사를 홀로 다 누리고 살면서도 어찌된 영문인지 이마에 내 천川 자를 깊이 새기고 다닙니다. 마치 자기가 온 세상 고뇌를 다 짊어진 듯 말입니다.

꽃들은 만발하여 천지에 향기가 가득하고 온화한 바람은 산들산들 불어오고 강아지는 꼬리치며 멍멍, 고양이는 야옹, 온갖 잡새들 날아들며 흥겹게 노래하는데, 이 짐승은 오늘도 홀로 고민에 잠겨 있습니다. 무슨 고민이 그렇게 많을까요? 어떤 짐승보다 영특한데 어떤 짐승보다 불행합니다. 이 짐승은 참 이상한 짐승입니다. 지구 상에서 가장 똑똑한 짐승, 그런데 알고 보면 헛똑똑이인 짐승, 이 짐승의 이름이 바로 호모 사피엔스입니다.

인생은 고苦에 둘러싸여 있는 듯합니다. 그래서 불교에서 '고해苦

海’라는 말이 생겨났겠지요. 불교가 아니라도 인생을 ‘행복의 바다’라고 부르는 종교는 없습니다. 또 고생이 많다느니, 사는 게 고생이라느니 등 ‘고생苦生’이라는 말은 있지만, ‘낙생樂生’이라는 말은 없습니다. 결코 우리 인간의 어휘 능력이 모자라서가 아닙니다. 우리 인간의 느낌 자체가 그렇게 형성돼 있기 때문입니다.

고(苦, 넓은 의미의 고통 일반)는 모든 종교와 철학의 시발점입니다. 만약 인생이 전체적으로 낙樂이라면 무슨 종교, 철학이 필요하겠습니까? 그냥 돼지처럼 잘 먹고 잘 놀다 어느 순간 조용히 사라지면 되지 않겠습니까? 그러나 우리 인간은 저마다 다 소크라테스도 아닌데 왠지 동물과는 다르게 돼 있습니다. 이것이 우리 인간이 처한 딜레마입니다. 그래서 고대로부터 철학자 · 현인이 나서서 ‘인간 고통’에 대한 처방전을 내놓았던 것입니다. 의술, 철학, 종교가 다 그런 것들입니다. 몸에 밝았던 편작, 황제, 히포크라테스가 내놓은 처방전이 의술이고, 마음에 밝았던 제자백가, 소피스트들이 내놓은 처방전이 철학이며, 진리에 밝았던 붓다, 예수, 노자가 내놓은 처방전이 종교입니다.

이 중에서도 고에 대해 유난히 심오한 분석을 내놓은 종교가 불교입니다. 불교에 따르면 인생에는 크게 여덟 가지 고통이 있습니다. 그중 생生 · 노老 · 병病 · 사死를 사고四苦라 하는데, 이 중에서 생과 사는 어쨌거나 1회적인 사건이라 그렇다 치더라도 노와 병은 정말 문제입니다. 앞으로 인간이 120살까지 산다고 하는데 큰일이 아닐 수 없습니다. 그 외에 불교에 따르면 심리적 고통이 네 가지 더 있는

　　　　　　　　　　　　　　인문학으로 만나는 마음공부

데, 첫째가 원증회고怨憎會苦로서 꼴 보기 싫은 자들을 만나야 하는 고통입니다. 부처님이 대기업에 다니셨을까요? 어떻게 부처님이 이런 고통을 아실까요? 부처님 같은 분도 이런 고통을 알고 계시다니 우리로서는 참 위로가 됩니다.

둘째가 애별리고愛別離苦로서 사랑하는 사람과 헤어지는 고통입니다. 부처님은 태어나면서 어머님을 잃은 분이니까 아무래도 이 고통에 민감하지 않았겠습니까?

셋째가 구이부득求而不得으로서 구하나 얻지 못하는 고통입니다. 직장도 구해야 되고, 아파트도 구해야 되고, 신붓감도 구해야 되는데 어느 것 하나 얻기가 쉽지 않은 시대입니다. 자본주의 시대를 살아가는 현대인들의 가슴에 비수처럼 와서 꽂히는 말이 아닐 수 없습니다.

마지막으로 오음성고五陰盛苦라는 것인데, 이것은 육체의 욕구가 너무 성해서 생기는 수행자들의 특별한 고통을 말하는 겁니다. 그러니까 이것은 청정해야 할 수행자들에게 해당되는 것이지 일반인들에게는 해당사항이 없습니다. 왜냐하면 일반인들은 반대로 오음이 약弱한 것을 문제라 생각하지 성盛한 걸 문제라 생각지는 않기 때문입니다.

그렇다고 불교만이 인생을 비극적으로 파악했던 것은 아닙니다. 불교, 힌두교, 기독교, 이슬람교 할 것 없이 모든 종교는 얼마간은 인생을 고통에 찬 것으로 바라봅니다. 모든 종교에 다 극락과 천당이 있는 이유가 무엇이겠습니까? 예수님도 민중들에게 "수고하고 무거운 짐 진 자들아, 다 내게로 오라"고 했지 않습니까? 수고하고 무거운 짐이라는 한 가지 고통을 분석해 들어가면 그 안에 불교처럼 사고四苦와 팔고八苦가 들어 있다고 봐야겠지요.

재밌는 것은 인간은 지적인 존재이다 보니 고통을 증폭시킨다는 사실입니다. 여기서 고통苦痛과 고뇌苦惱의 구별이 생겨납니다. 고통이 있는 그대로의 통증을 가리키는 것이라면, 고뇌는 거기서 한걸음 더 나아가 고통에 대한 해석이 가미된 것입니다. 고통은 현재적인 것으로서 있으면 있고 없으면 없는 겁니다. 이에 반해 고뇌는 미래 혹은 과거와 연결된 것으로서 관념의 형태를 띠고 언제라도 상존할 수 있습니다. 짐승은 고통만을 느낄 뿐 고뇌를 느끼지 않습니다. 왜냐하면 짐승은 고통에 대해 해석하지 않기 때문입니다. 그러나 지성적 존재인 우리 인간은 고통을 해석하려 합니다. 여기서 발생하는 것이 고뇌입니다. 요컨대 고뇌는 인간 특유의 것입니다.

즉, 고통은 몸과 관련된 것이고, 고뇌는 마음과 관련된 것입니다. 고통은 1차적인 것이고, 고뇌는 2차적인 것입니다. 흥미로운 점은 현실에서 많은 문제점을 일으키는 것은 고통이 아니라 고뇌라는 사실입니다. 여기 몸이 아픈 사람이 있다고 합시다. 그러면 이 사람은 어떻게 하나요? 그는 살려고 발버둥을 칩니다. 불치병에 걸렸다고 하면 더욱 그렇습니다. 좋다는 약은 아무리 비싸도 먹으려 하고 용한 의사가 있다면 전국 어디라도 찾아갑니다. 몸이 아파서 자살하는 사람은 없습니다. 자살하는 사람은 대개 마음이 아픈 사람, 즉 고뇌하는 사람입니다. 이 사람은 몸은 성한데도 살려고 하지 않고 자

인문학으로 만나는 마음공부

살을 선택합니다. 마음의 고통이 몸의 고통보다 참기 힘들기 때문입니다.

경락

고등 동물이란 어떤 동물인가요? 여러 가지 정의가 있을 수 있지만, 저는 고통에 민감한 동물을 고등 동물이라고 봅니다. 우리 인간의 경락을 보면 이 사실을 뚜렷이 알 수 있습니다. 우리 몸의 경락은 오장육부 12경락에 임맥과 독맥을 합해 360개의 혈로 구성돼 있습니다. 즉 14경락에 360혈입니다. 그러니까 하나의 경락에는 평균약 25혈이 배속되면 적당한 것이라 할 수 있습니다. 그런데 실제는 그렇지 않습니다. 공포를 담당하는 경락이 방광경인데, 이 방광경이 무려 67개혈입니다. 반대로 기쁨을 담당하는 경락이 심경(심장경락)인데, 이것은 불과 9개혈 뿐입니다. 이러한 경락의 분포가 뜻하는 것이 무엇일까요? 몸 안에 기쁨을 감지하는 센서는 겨우 아홉 개인데반해 공포를 감지하는 센서는 67개라면 이것은 당연히 인간이 기쁨보다는 공포에 7.5배 더 민감함을 의미하는 것 아닐까요? 그래야살아남으니까요. 다시 말해 인간은 불행에 7.5배 더 친숙한 동물이란 뜻인 겁니다.

이것이 우리 인간이 진화해온 방식입니다. 즉, 경락의 분포를 통해 우리가 알 수 있는 것은 인간과 같은 고등 동물은 행복하기가 매우 곤란하다는 사실입니다. 행복해지려고 고등 동물이 되었는데, 정반대의 결과에 이르고 만 겁니다. 이것은 진화의 아이러니라고 밖에 말할 수 없습니다.

좀 더 진화와 관련해 생각해봅시다.

첫째, 바위(광물)는 아무 고통이 없습니다. 누가 자기를 깔고 앉거나 뺨을 때리거나 해도 전혀 통증을 못 느낍니다.

둘째, 나무(식물)는 아주 조금 고통을 느낍니다. 누가 자기 가지를 꺾고 꽃을 따면 인간과는 다르지만 어떤 고통을 느끼겠지요. 생명체니까요.

셋째, 동물은 상당량 고통을 느끼겠죠. 그러나 이 고통은 순수한 고통이라서 있으면 있고 없으면 없는 심플(simple)한 것입니다.

넷째, 인간은 고통에다 더 얹어 고뇌까지 느낍니다. 현재에 존재하지 않은 고통을 머릿속에서 만들어내는 기술은 오직 인간의 것입니다. 이렇게 만들어낸 것이 바로 고뇌입니다. 고뇌는 있어도 없고, 없어도 있는 복잡한(complex) 것입니다. 그러므로 고뇌는 일종의 마음의 병이라 할 수 있습니다. 이 덕에 우리 인간은 천지만물 중에 가장 병이 많은 짐승이 된 것입니다. 그렇다면 이 모든 것은 다 무엇 때문일까요? 무엇이 인간에게 동물과 달리 '고뇌'를 낳게 하는 것일까요? 그것은 뇌입니다. 모든 것은 뇌가 만들어낸 것입니다.

뇌 구조론

그림에서 보는 바와 같이 인간의 뇌는 세 개의 층으로 되어 있습니다. 원래 유기체의 어떤 기관이라고 하는 것은 동일한 하나의 목적과 기능을 가지고 단일체를 형성해야 하는 것이고 그렇지 않으면

인문학으로 만나는 마음공부

문제가 있는 것입니다. 인간의 오장육부도 이러한 원칙에 따라 모두 단일체를 이루고 있는데 유독 뇌만은 그렇지를 못하

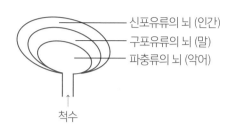

고 세 개의 층으로 되어 있습니다. 이렇듯 세 개의 뇌가 3층으로 불연속적인 면을 형성하고 있다는 것, 이것부터가 잘못된 것입니다. 단일성을 갖춘 한 개의 뇌가 아닌 서로 다른 세 개의 뇌가 겹쳐져 있다는 것, 이것이 우리 인간 존재에 있어서 모든 비극의 씨앗이라고 할 수 있습니다.

냉정하게 말하자면 인간의 뇌는 애당초 공장에서 나올 때 제작이 잘못된 것이라고 할 수 있습니다. 따라서 교환을 해야 하는데 공장이 하늘나라(?)에 있어서 교환이 불가능한 상황인 거죠. 교환이 불가하니 어찌하겠어요? 그냥 고쳐 써야죠!

그럼 고치기 전에 뭐가 문제인지 먼저 알아볼까요? 세 개의 뇌는 일단 서로 너무 다릅니다. 너무 다르다 보니 혼연일체를 이루지 못하고 층층이 쌓여 불연속면을 이루고 있는 것이고, 또 그러다 보니 셋이 서로 싸우고 충돌할 수밖에 없습니다.

기능을 살펴보자면 첫째, 파충류의 뇌는 뇌간으로서 호흡, 소화, 심장박동 등 직접적인 생명 활동을 관장하는 것이고, 따라서 이 기능들은 절대 잊혀지지 않는 것이며(잊으면 바로 죽으니까요), 뇌 중

에서 힘이 가장 셉니다. 이 파충류의 뇌는 철학적으로 말하면 '살려고 하는 맹목적 의지'와 같습니다. 이런 뇌를 가진 자는 어떤 상황에서도 끝까지 생존하려 하는 자이고 자살과는 아무런 관련도 없으며 오히려 남을 죽이는 자입니다. 자식을 죽이고 암매장한 계모가 왜 그랬느냐는 질문에 '남편과 행복하게 살고 싶어서'라고 했는데, 이것이 전형적인 파충류의 뇌에서 나온 목소리인 것입니다.

둘째, 구포유류의 뇌는 일명 구피질(혹은 변연계)로 불리는데 슬픔, 분노, 공포 등 감정을 관장합니다. 구포유류는 말, 소, 개, 돼지 등 우리 주변에서 늘 보는 짐승들인데 이 구포유류의 등장으로 지구상에 처음으로 이른바 감정이라고 하는 정신상의 새로운 세계가 출현하게 된 겁니다. 악어, 뱀, 도마뱀 등 파충류는 생존 기계일 뿐 아무 감정이 없는 존재들입니다. 이 파충류들은 먹이를 보면 가차 없이 달려들어 물어뜯고 죽이는 자일 뿐 거기에 일말의 동정이나 연민이 있을 수 없습니다. 우리가 흔히 '악어의 눈물'이란 표현을 쓰는 것은 바로 이 때문입니다. 악어가 먹이를 앞에 두고 눈물을 흘리는 것 같은 모습을 간혹 보이는데, 실은 이것은 어떤 우연한 일로 무슨 물 같은 것이 악어의 눈 주위를 타고 흘러내린 것이지 눈물과는 아무 관계도 없는 것이지요. 기쁨이나 슬픔 등 아무 감정을 못 느끼는 악어가 무슨 눈물 따위를 연출하고 있겠습니까? 그러나 말이나 소 등은 감정이 있습니다. 말이 "히힝"하며 놀라는 것도 감정이고, 소가 도살장 앞에서 들어가지 않으려고 눈물 흘리는 것도 감정이 있어서

인문학으로 만나는 마음공부

그런 겁니다. 그러니까 말과 소는 악어에게 싸움에서는 지지만 정신적으로는 분명 한 단계 우월한 존재입니다.

변연계(구포유류의 뇌) 중에서 특히 감정을 담당하는 부위가 편도체(아미그달라, amygdala)인데, 이 편도체는 불안, 초조, 공포 등 뭔가 위험이 닥치면 재깍 빨간불이 들어오게 돼있습니다. 말하자면 위험 경보장치인 거죠(편도란 아몬드처럼 생겼다는 뜻입니다). 이 편도체는 안 켜져도 안되고, 너무 자주 켜져도 안됩니다. 안 켜지면 생명이 위험하고 또 너무 자주 켜지면 남들이 싫어합니다. 과학자들이 편도체의 기능을 알아보기 위해 실험을 했습니다. 쥐에서 편도체를 제거한 후 이 쥐를 고양이들 앞에다 갖다 놓았습니다. 그랬더니 놀라운 일이 일어났습니다. 쥐가 겁을 상실한 채 고양이들에게 같이 놀자고 다가가는 것이었습니다. 결과는 어찌 됐을까요? 고양이에게 잡혀 먹히고 말았죠. 이것이 바로 편도체의 기능입니다. 편도체를 제거하면 공포 반응을 상실하는 겁니다. 반대로 편도체의 기능이 너무 예민하면 매사에 빨간불을 켜고 싸우려 덤벼들거나 아니면 과도한 슬픔, 분노, 공포 반응을 일으키며, 심한 경우 자살 시도를 하기도 합니다. 자살 충동은 이렇게 감정의 뇌, 즉 구포유류의 뇌에서 옵니다. 그러니 구포유류의 뇌를 제대로 통제하지 못하면 인생이 매우 위태로워집니다.

우리 뇌를 살펴보면 감정을 담당하는 '편도체' 옆에 기억을 담당하는 '해마'가 있습니다. 이것은 감정과 기억이 긴밀히 연결돼 있음을 의미하는 것이라고 뇌 과학자들은 보고 있습니다. 저는 이 견해가 타당하다고 생각합니다. 왜냐하면 슬픔, 분노, 공포 등을 일으켰던 상황은 밋밋한 상황보다 훨씬 더 오래 기억되기 때문입니다. 달리 말하면 감정은 쉽게 잊혀지지 않는데, 이것은 왜 그럴까요? 쉽게 잊히면 안 되기 때문입니다. 만약 쉽게 잊히면 잡혀 먹히지 않겠습니까?

셋째, 신포유류의 뇌는 일명 신피질로 불리는데, 이는 사고나 추리, 분석과 판단 등 고도의 지적활동을 관장합니다. 우리는 이 신피질 덕택에 동물의 단계를 벗어나 인간이 된 것이며, 문학과 예술과 철학을 논하게 된 것이고 오늘날과 같은 문명을 이룩하게 된 것입니다. 요컨대 우리 인간이 지적 존재가 되느냐 마느냐 하는 것은 신피질이 좌우하는 것입니다. 신피질 중에서 특히 전두엽은 사물에 대한 종합 판단을 하는 중요 부위입니다. 천재들이 대체로 앞이마가 도드라진 경우가 많은데 그것이 바로 전두엽과 관련돼 있는 겁니다. 이 전두엽이 두터워야 정신활동이 왕성합니다. 전두엽 부위를 두텁게 해주는 행동이 있는데 그것이 바로 명상입니다. 반대로 전두엽 부위가 얇아지는 현상, 그것이 바로 치매입니다. 치매는 전두엽의 뇌세포가 점점 사멸해갈 때 생기는 현상입니다.

지능과 힘의 불균형

신포유류의 뇌는 가장 똑똑하고 영특한 뇌이지만 힘이 가장 약합니다. 파충류의 뇌는 가장 어둡고 맹목적인 뇌이지만 힘이 가장 셉

인문학으로 만나는 마음공부

니다. 구포유류의 뇌도 충동적이면서 힘이 센 편입니다. 이것이 우리 뇌가 지닌 큰 문제점입니다.

파충류의 뇌 : 생명유지(호흡, 소화, 심장박동) → 힘이 가장 셈
구포유류의 뇌 : 감정형성(슬픔, 분노, 공포 등) → 힘은 중간정도
신포유류의 뇌 : 정신활동(사고, 추리, 판단 등) → 힘이 가장 약함

집안이 잘 되려면 영특한 자가 힘이 세야 하고, 맹목적인 자는 힘이 약해야 합니다. 그래야 그 집안이 올바른 방향으로 갈 수 있습니다. 그런데 우리 뇌는 이와는 정반대라는데 인간의 비극이 있습니다. 다만 여기서 힘이 세다 약하다는 것은 그 뇌의 기능이 잊힐 수 있느냐 없느냐의 관점에서 정리한 것입니다. 위의 설명대로 파충류의 뇌의 경우, 호흡·소화·심장박동은 한순간도 잊힐 수 없는 기능이니 힘이 가장 센 것이고, 구포유류의 뇌의 경우, 슬픔·분노·공포라는 감정 역시 쉽게 잊혀지지 않는 것이라 그만큼 센 것인데 반해, 신포유류의 뇌에서는 그 기능(사고·추리·판단)이라는 것이 지식을 기초로 한 것들이기 때문에 살고 죽는 데에 별 관계가 없어 쉽게 잊히는 것이라서 그만큼 힘이 약한 것입니다. 달리 표현하자면 유기체의 입장에서는 호흡이나 심장박동은 한순간이라도 안하면 죽음을 초래하지만, 누구 이름을 기억하고 말고 하는 것은 해도 그만 안 해도 그만인 일이라는 뜻이며, 이것이 제가 볼 때 치매가 발생하는 근본 원인인 듯합니다. 요컨대, 인간의 입장에서는 치매가 중

대한 질환이지만 유기체의 입장에서는 가장 약소한 손실인 셈이지요. 이렇게 본다면 치매라는 병은 지구상에서 없어지기 어려운 병이라는 생각이 불현듯 들며 치매의 유일한 해결책을 평소에 전두엽을 두텁게 만드는 것 외에는 없지 않느냐는 결론에 도달하게 됩니다.

종래 철학자들은 수백 년 전부터 인간정서 삼분론을 이야기하며 인간의 마음을 본능, 감정, 이성 이렇게 셋으로 구분했었는데 뇌과학의 최근 결과는 이것이 맞다는 것을 확인해주고 있습니다. 즉, 파충류의 뇌는 본능에 해당하고, 구포유류의 뇌는 감정에 해당하며 신포유류의 뇌는 이성에 해당합니다. 이 구분은 옳고 타당한 구분입니다. 그런데 문제는 한 인간 안에서 이 세 개의 뇌가 조화를 이루는 것이 아니라 대립과 충돌하고 있다는 겁니다. 그리고 그 대립과 충돌의 정도가 매우 심해서 인간으로서 한 세상을 살아가기가 결코 쉽지 않다는 점입니다. 딴 짐승들은 우리 인간에 비하면 뇌가 한두 개 없으니까 충돌이랄 것이 없고(그래서인지 악어의 표정에는 주저함이라는 것이 보이지 않지요), 소나 말은 뇌가 두 개니까 충돌이랄 것이 다소 있고(그래서인지 소나 말의 표정에는 다소의 주저함이 나타납니다), 인간은 뇌가 세 개니까 충돌이 매우 잦은 것이지요(그래서인지 인간의 표정에는 늘 주저함이 나타나지요).

이렇게 상호 충돌하는 세 개의 뇌가 서로 싸우면 누가 이길까요? 앞에서 이미 각각의 뇌의 힘에 대해 살펴보았듯이 싸움의 승패는 뻔합니다.

인문학으로 만나는 마음공부

파충류의 뇌 〉 구포유류의 뇌 〉 신포유류의 뇌

　　(본능)　　　　(감정)　　　　(이성)

　이성은 감정을 이기지 못하고, 감정은 본능을 이기지 못합니다. 매년 정월 초하루가 되면 우리는 담배를 끊겠다고 다부지게 신년 각오를 다지지만, 결말은 항상 '작심삼일'로 끝나지 않습니까? 이게 왜 그리겠습니까?

　아무리 이성이 맑은 정신으로 외쳐보아도 감정을 이기지 못하는 것이지요. 또 다른 신년 각오로 빼놓을 수 없는 것으로 다이어트가 있는데 이 역시 성공한 사람은 별로 없습니다. 이것이 쉽게 성공한다면 헬스클럽은 진즉에 다 망했겠지요? 다이어트는 결코 쉽게 성공할 수 없도록 인간의 뇌는 그렇게 되어 있습니다. 헬스클럽 관장들은 이미 이 비밀을 다 꿰고 있습니다. 그래서 그 사장들은 6개월~1년치를 터무니없이 싼 값으로 책정해서 유혹한 뒤 한 몫에 결제하도록 유도하는 겁니다. 어차피 한두 달 지나면 사람들이 안 나온다는 것을 알기 때문이죠. 다이어트 결심은 예뻐 보이겠다는 욕구, 즉 감정적 요소와 먹고 싶다는 욕구, 즉 본능적 요소가 충돌하는 겁니다. 여기서 어떻게 감정이 본능을 이기겠습니까? 절대 이길 수 없습니다. 그래서 금연이든 다이어트든 잘 안 되는 것입니다. 결심을 강하게 하면 되지 않을까요? 결심을 강하게 하면 더 안 됩니다.

　예전에 김수환 추기경이 금연했던 이야기를 한 적이 있습니다. 추기경도 험한 시대를 살면서 스트레스가 많았던 까닭에 담배를 가까이 하는 소문난 애연가였는데, 하루는 문득 담배를 끊어야겠다는 생각이 드시더라는 겁니다. 그래서 누구한테 공표도 않고 그냥 금연을 실행했다는 거죠. 그러나 수십 년 피운 담배가 하루아침에 끊어지겠습니까? 일반인 같으면 어려운 이야기겠지요. 그런데 추기경께서는 그길로 담배를 끊어버렸습니다. 추기경은 금연 이야기를 하면서 이렇게 끝을 맺었습니다.

"저는 결심보다는 잊어버렸던 것 같아요. 금연한다는 것을요. 나중에 보름쯤 지나서 우연히 보니까 담배가 뜯어진 채로 책상 위에 그대로 놓여 있는 걸 발견했어요."

우리는 금연을 하려면 담배를 가위로 자르고, 분지르고, 내다버리고, 별의별 행동을 다 하는데 추기경께서는 피우던 담뱃갑을 책상 위에 그대로 둔 채 끊었다는 뜻입니다. 역시 내공이 느껴지는 대목입니다. 저는 신문에서 이 기사를 보고 추기경께서 묵상을 열심히 하시는 분이라는 걸 느낄 수 있었습니다. 추기경 말씀처럼 '결심'해서는 못 끊습니다. '잊어'버려야 끊을 수 있습니다. 결심은 아직 누군가와 누군가가 서로 충돌하고 있다는 뜻이고, 잊어버렸다는 것은 그 충돌이 사라졌다는 뜻이기 때문입니다.

본능의 뇌(파충류의 뇌), 감정의 뇌(구포유류의 뇌), 이성의 뇌(신포유류의 뇌) 이 세 개의 뇌가 한 인간 내부에서 서로 충돌하고 있습니다. 이것이 인생에서 많은 문제를 야기합니다. 특히, 감정의 뇌가 가장 큰 골칫거리입니다. 영장류란 이름으로 태어난 우리 존재는 세

인문학으로 만나는 마음공부

개의 뇌를 제대로 끌고 가지 못하면 인간으로서 참담게 살 수가 없습니다. 우리는 어떻게든 이 뇌들이 사고치지 않도록 잘 통합시켜야 합니다. 이것이 호모 사피엔스인 우리 인간의 사명입니다.

프로 바둑 기사 이세돌과 최초의 컴퓨터 바둑 프로그램 알파고의 대결이 있었는데, 제가 보기에 이 싸움은 처음부터 잘못된 것입니다. 알파고는 우리 인간과 비교했을 때 이른바 '감정의 뇌'가 없는 녀석입니다. 생존 기계인 파충류의 뇌와 고도의 연산 능력·추론 능력을 지닌 신포유류의 뇌 두 가지만으로 간단명료하게 구성되어 최대의 효율을 내도록 특별 제작된 알파고를 어떻게 이길 수 있겠습니까? 알파고는 우리 인생에 끼어들어 매순간 우리를 괴롭히는 감정의 문제로부터 완전히 해방되어 있는 녀석인데 말입니다. 만약 이세돌의 뇌에서 덕지덕지 붙어 있는 감정의 뇌를 기술적으로 제거했더라면 그날 대결은 공정할 수 있었겠지요. 그러면 기계 대 기계의 싸움이니까 불공정할 게 없잖아요? 그러나 우리는 이세돌의 뇌에서 감정의 뇌를 제거하기를 원치 않습니다. 우리는 기계가 아니라 인간이니까요.

뇌를 어떻게 통합할 것인가

문제는 이 세 개의 뇌를 어떻게 통합할 것인가 하는 점입니다. 종래 인류의 교육자, 철학자, 도덕 교사들은 '이성'으로 이 셋을 통합하려 했습니다. 가까이는 공자와 맹자, 멀리는 플라톤과 칸트, 헤겔 등이 이성에 의한 통합을 시도했던 사람들입니다. 소위 성인군자란 이성으로 감정을 다스리는 사람을 의미합니다. 그러나 이것은 뇌과학에 대한 지식이 없던 때의 이야기입니다. 앞에서 살펴본 바와 같이 이성의 뇌는 셋 중 힘이 가장 약해 뇌 전체를 통합할 힘이 없습니다. 여기서 진화의 역사를 한번 살펴봅시다.

어떤 것도 진화를 피할 수 없습니다. 인간의 뇌도 마찬가지입니다. 45억 년의 지구 역사에서 파충류가 약 3억 년 전에 태어났습니다. 그리고 포유류는 5천만 년 전에 태어났으며, 인류의 가장 먼 조상이라는 오스트랄로피테쿠스는 200만 년 전에, 끝으로 우리 호모 사피엔스는 구석기시대가 거의 끝나가던 5만 년 전에 태어났습니다. 그리고 얼마 지나지 않아 신석기시대가 도래한 것이고 벼농사가 시작되었습니다. 말하자면 악어는 나이가 3억 살이고 말은 5천만 살인데 반해 우리 인간은 고작해야 5만 살에 불과한 겁니다. 그러니까 인간의 출현은 시간상으로 악어의 1/6,000, 말의 1/1,000에 불과한데, 어떻게 이성의 뇌가 파충류의 뇌, 포유류의 뇌를 이길 수 있겠습니까?

파충류의 뇌는 산전수전 다 겪은 큰 형님이고, 포유류의 뇌는 작은 형님인데, 어떻게 이제 코흘리개 어린애에 불과한 이성의 뇌가

인문학으로 만나는 마음공부

이 형님들에게 명령할 수 있겠습니까? 그건 절대 불가능합니다. 앞의 진화의 도표가 그 사실을 명확히 보여줍니다(솔직히 우리 인간은 앞으로 3억 년 후까지 산다는 보장이 없습니다. 그런 관점에서 보면 악어란 짐승이 얼마나 대단한지 알 수 있습니다).

이제 우리는 이성을 가지고는 감정의 뇌, 본능의 뇌를 통합시킬 수 없음을 알았습니다. 그러면 무엇으로 이 세 개의 뇌를 통합시킬 수 있을까요?

인류의 역사에는 일찌거니 이성의 한계를 꿰뚫어 보고 다른 방법으로 인간성의 통합을 시도했던 위대한 선각자들이 있습니다. 붓다, 예수, 노자, 장자 같은 이들이 그런 분들입니다. 세 개의 뇌를 통합시키려는 오래된 인간의 노력, 이것이 바로 '명상(meditation)'입니다. 명상은 통상적인 학문이나 철학과는 다릅니다. 통상적인 학문·철학은 그것이 무엇이 되었건 의식의 내용물에 대해 공부하는 반면 명상은 의식 자체에 집중합니다. 의식의 내용물을 체계적으로 정리해놓은 것, 이것을 우리는 지식·이론·학문이라 부릅니다. 그러므로 통상적인 학문과 철학은 오로지 이성의 뇌를 작동시키는 것입니다. 다시 말해 세 개의 뇌 전체를 쓰는 것이 아니라 그중 하나만을 과도하게 사용하는 것이지요. 이것이 바로 우리 학교 공부의 맹점입니다.

생각해보십시오. 우리는 여덟 살 때 쯤 입학해서 십수 년 간을 공부하는데 그 공부라는 게 오로지 세 개의 뇌중에서 유독 이성의 뇌만을 작동시키는 것입니다. 나머지 두 개의 뇌는 그냥 버려지고 방치되어 있습니다. 그러니 어떻게 세 개의 뇌가 통합될 것이며 인간성이 통합될 수 있겠습니까? 하기 싫은 공부를 억지로 그렇게 시키니 애들이 말하지 않습니까? "뇌에 쥐 난다"고 말이죠. 다소 과장스럽기는 하지만 저는 이 표현이 옳다고 생각합니다. 뇌 스스로가 통합을 원하고 있는데(뇌는 본능적으로 그것을 알며 추구하고 있습니다), 주인이 그중 하나만을 붙들고 혹사시키니 일종의 '경련'이 일어나지 않겠습니까? 그리고 이 경련을 그냥 방치해두면 그 다음 단계는 '발작'을 일으키는 것 아니겠습니까?

천 년 넘게 지속되어온 우리 인류의 학문방법론에 중대한 결함이 있습니다. 경쟁사회에서 살아남는다는 것이 중요하고, 아는 것이 힘이고, 알아야 면장도 하는 까닭에 우리의 모든 학문방법론, 즉 공부방법론은 이성의 뇌를 혹사시키는 쪽으로 잘못 특화되고 천 년 넘게 획일화되었습니다. 그러니 인간의 뇌가 더욱 불균형해져서 자체 균형을 잡아가는 법을 잊어버려 많은 문제를 일으키고 있지 않습니까? 이제 우리는 우리 인류의 잘못된 공부방법론에 대해 심각하게 고민해봐야 할 때가 왔습니다. 더욱이 이제는 스마트폰 하나로 모든 지식을 다 들여다 보는 시대가 되었습니다. 지식의 양으로만 본다면 스마트폰 한 개 속에 선생님 수 천 명이 가르칠 수 있는 것보다 더 많은 지식이 있는데, 굳이 선생님이 교단에 서서 '지식'을 가르칠 필요가 있겠습니까? 이런 점에서 보더라도 우리 인류가 아무 의심 없이 천 년 넘게 시행해온 공부방법론 내지 학문 전달 시스템은 이제 수명이 다한 것이며 시대에 동떨어진 것이고 새로운 문명의 방향과도 맞지 않는 것입니다.

인문학으로 만나는 마음공부

현재 세계 각 나라에서 행해지고 있는 각종 시험제도, 중간고사, 기말고사, 대학입학시험, 공무원시험, 회사취직시험 등은 오직 사회구성원 전체의 한 가지 묵계 때문에 그 효용이 유지되는 것입니다. 그 묵계란 무엇인가? 시험장에 스마트폰을 반입하는 것을 범죄로 본다는 것입니다. 그러나 이건 뭔가 잘못된 겁니다. 사전이 제일 필요한 곳이 글쓰기 현장인 것처럼, 스마트폰이 제일 필요한 곳이 바로 시험장입니다. 모르는 답을 찾는 기능이 스마트폰의 기능인데, 정작 스마트폰이 필요한 곳에서 스마트폰을 못쓰게 온 사회가 담합한 것입니다. 스마트폰을 보는 것이 정말 범죄 행위일까요? 어떤 것을 하루 종일 봐도 범죄가 아닌데, 어떤 특정 장소에서 그것을 보면 범죄가 된다는 것, 이것이 과연 범죄의 정의에 적합한 것일까요? 앞으로 획기적으로 어떤 나라에서 모든 학생에게 시험을 치를 때 스마트폰을 봐도 된다고 허용하면 어떤 일이 일어날까요? 그건 나쁜 일일까요?

저는 현재 행해지고 있는 모든 초·중·고등학교의 시험장에서 스마트폰을 금지하는 것은 잘못됐다고 생각합니다. 대한민국 교육부, 교육청, 학교교장들이 스마트폰을 금하는 진짜 이유는 무엇일까요? 스마트폰이 나빠서일까요? 아닙니다. 스마트폰이 너무 좋아서 그런 겁니다. 스마트폰이 너무 좋아서, 그 안에 답이 다 있기 때문입니다. 시험 보는 아이들이 답을 모르고 그래서 많이 틀려야 지식의 소유자인 선생님의 권위가 서는 것인데, 스마트폰이 모든 답을 다 알려줘서 전교생이 모두 100점을 맞는 불행한 사태(?)가 발생하면 선생님이나 학교가 무슨 필요가 있겠습니까? 결국 스마트폰을 안 써서 좋은 것은 교육부 · 교육청 · 선생님들입니다. 학생들은 스마트폰을 써야 좋은 겁니다. 학생이 100점 맞는 일이 나쁜 일입니까? 앞으로 이런 식으로 지속되면 학교 교육은 구시대의 유물이 되고 말겁니다. 시대는 엄청난 속도로 변해가는데, 학교는 천 년 전의 방식을 고집하고 있습니다. 스마트폰 하나를 못 이기는 학교를 다녀서 뭐하겠습니까? 이제 넓은 의미에서 학교의 의미, 교육의 목적, 공부방법론 등이 전면적으로 바뀌어야 합니다.

인문학으로 만나는 마음공부

3강

명상

마음

마음(心)은 하늘이 우리에게 맡겨주신 것으로 본래 우리에게 속한 물건이 아닙니다.

마음은 본디 하늘에 속한 것입니다. 마음은 한 번도 하늘과 분리된 적이 없습니다. 하늘과 마음은 하나입니다.

마음은 텅 빈 허공과 같아, 아무리 가득 채우더라도 가득 차는 일이 없습니다. 텅 비어 있는 의식의 순수 공간, 늘지도 줄지도 않으며 때가 타는 일도 없으며 나지도 멸하지도 않는 것, 그것이 우리의 참마음이며 본래 면목입니다.

마음은 빛입니다. 마음은 생명입니다. 옛사람들은 이를 무량광無量光, 무량수無量壽라 하였습니다. 옛사람들은 마음의 참 모습을 알았습니다.

마음은 불멸입니다.
마음은 무한입니다.
마음은 하늘입니다.
마음은 도입니다.
심즉도心則道입니다.

명상과 학교공부

붓다 · 예수 · 노자 · 장자의 공부방법론이 바로 명상입니다. 명상은 학교 공부와는 완전히 다른 것입니다. 명상은 학교공부처럼 뇌

인문학으로 만나는 마음공부

를 혹사시키는 것이 아니라 반대로 쉽게 하는 것입니다. 뇌들이 스스로 통합되도록 도와주는 것이고, 생명이 스스로의 길을 가도록 길을 열어주는 것입니다. 인류 지성사의 관점에서 보자면 명상은 한 번도 주류에 편입되어 본적이 없습니다. 수천 년 전에 위대한 천재들이 섬광과도 같은 정신의 횃불을 전해주고 갔지만, 그때는 우리 인류가 아직 미숙하여 그들의 메시지를 정확하게 받아들이지 못하고 말았습니다.

그러나 그렇게 2천 년이 지난 지금, 세상은 많이 달라졌습니다. 2천 년의 시행착오 끝에 우리 인류가 이제 처음으로 '명상'의 문제를 지성사의 입장에서 정면으로 다룰 만큼 성숙했다고나 할까요? 물론 여전히 우리 현생인류가 명상의 핵심 내용을 100퍼센트 받아들일지는 의심스럽지만, 그래도 지성사 전체적으로 볼 때 어느 정도 시기가 무르익은 것은 사실입니다. 이성 중심의 서양철학을 2천 년 동안 행해온 서구사회에서 명상에 대한 요구가 새롭게 커지고 있는 점도 그렇고, 무엇보다 기술 문명의 발달로 인해 뇌 과학의 시대가 열렸다는 점도 그렇습니다.

뇌 과학의 시대가 열렸다는 것은 명상의 관점으로는 매우 고무적인 일입니다. 왜냐하면 인간의 호기심이 '뇌'에까지 왔는데, 그러면 곧 그 다음 단계인 '의식'으로 넘어가지 않겠습니까? 이 추세로 계속 나아가면 언젠가 우리 인류가 뇌 과학에서 시작하여 '의식의 문지방'을 넘어서게 될 때가 조만간 도래하게 될 것입니다. 제가 하는 작업은 그때 인류에게 작은 도움이 되라고 몇 자 적어보는 것입니다.

명상과 호흡

우리는 세 개의 뇌를 통합시키는 것이 명상이며, 명상은 이성의 뇌를 작동시키는 것이 아니라 오히려 쉬게 하는 것이라는 점까지 알았습니다.

그러면 명상에서 과연 무엇이 세 개의 뇌 전체를 파고들어 통제하는 것일까요?(이성이 이것을 행해내지 못한다는 점이 우리의 출발점이었습니다) 이것을 알기 위해서는 인체에 대해 좀 더 다른 관점을 가져야 합니다. 이성이란 뇌의 가장 표층에 붙어 있는 부분입니다. 표층에 있는 어떤 무엇이 심층에까지 영향을 끼치리라는 것은 처음부터 잘못된 생각입니다. 그것이 유기체에 정녕 중요한 것이었으면 왜 심층에 있지 표층에 있겠습니까? 이성이란 문명인인 우리 인간에게나 중요한 것이지 유기체 자체에게는 별로 중요한 것이 아닙니다. 위치만 봐도 그렇습니다. 만약 외부의 공격으로 창에 찔렸는데 창이 이성의 뇌(신피질)를 찔렀다면 그 사람은 안 죽습니다. 반면 창이 본능의 뇌(뇌간)를 찔렀다면 바로 사망합니다. 이게 무엇을 의미하겠습니까? 이성이란 유기체 자체에게는 별로 중요한 것이 아니라는 뜻입니다.

세 개의 뇌를 통합하는 것도 이 관점에서 생각해야 합니다. 세 개의 뇌를 다 굴복시킬 수 있는 강력한 무엇이 아니고서는 절대 우리는 뇌 전체를 통합, 통제할 수 없습니다. 여기서 힌트를 하나 드리겠습니다. 뇌 전체를 통제할 수 있는 그 무엇은 내 몸에 멀리 있어서는 안 되고 가장 가까이 있는 것이라야 합니다. 다시 말해 가장 간과하

인문학으로 만나는 마음공부

기 쉬운 것이라야 하고, 내 몸과 가장 일체화된 것이라야 하며, 한시도 내 몸에서 떠날 수 없는 것이라야 합니다. 그래야 세 개의 뇌 모두가 군소리 없이 굴복하지 않겠습니까? 너무도 자연스러워서 평소에는 그것이 있는지 없는지도 모를 만큼 내 몸과 하나 되어있는 그것, 그것이 무엇이겠습니까? 바로 호흡입니다!

인간은 오로지 호흡을 통해서만 이 세 개의 뇌 전체를 통제할 수 있습니다. 우리는 호흡을 늘 잊고 살지만, 호흡은 이렇게 중요합니다. 지구상의 모든 명상법이 호흡에 기초해 있는 이유가 바로 이것입니다. 사실 호흡이란 모든 생명 활동의 중심에 있는 것입니다. 그 어떤 생명체도 호흡을 벗어날 수 없습니다. 그래서 명상에서 호흡법을 가르치는 겁니다. 이 호흡법을 통해 뇌를 진정시킬 수 있습니다. 가령, 우리가 초조, 불안하면 호흡이 얕아지며, 침착, 고요하면 호흡이 깊어집니다. 그리고 이 심리적 과정은 반대도 가능합니다. 우리가 호흡을 깊게 하면 침착, 고요해질 수 있으며, 호흡을 얕게 하면 쉽게 초조, 불안해집니다. 즉, 호흡으로 감정을 조절할 수 있는 것입니다.

여기서 옛날의 현인과 도인들이 호흡을 깊이 연구하여 내놓은 것이 바로 '복식호흡'입니다. 복식호흡(일명 단전호흡)은 호흡 중에서 가장 좋은 호흡입니다. 호흡은 깊고 고요해야 합니다. 호흡이 얕고 급하면 안됩니다. 깊고 고요한 호흡은 생명을 길러줍니다. 반면 얕고 급한 호흡은 생명을 갉아먹습니다. 깊고 고요한 호흡이 복식호흡이며, 얕고 급한 호흡이 흉식호흡입니다. 인류의 95퍼센트가 자기도 모르게 흉식호흡을 하고 있습니다. 흉식호흡은 나쁜 호흡입니다. 흉식호흡을 버리고 복식호흡을 익히십시오. 호흡법이란 모든 명상 수련의 시작과 끝입니다.

붓다도 호흡법을 통해 깨달음을 얻었고, 깨달은 후에도 호흡법을 버리지 않았습니다. 그 명상비법의 이름이 '아나파나 사티(anapana sati)'입니다. 아나(ana)란 들숨을 말하며, 파나(pana)란 날숨을 말하고, 사티(sati)란 집중을 말합니다. 즉, 아나파나 사티란 들숨과 날숨에 의식을 집중하는 명상법입니다. 얼마나 간단합니까? 너무 간단해서 놀랍습니까? 그러나 이렇게 간단한 것이야말로 가장 높은 차원의 명상법이란 것을 명심하시기 바랍니다. 복잡하게 이야기하는 명상법들이 꽤 있는데, 그런 것들은 별로 좋은 것들이 아닙니다.

명상과 송과체

흉식호흡을 피하고 복식호흡을 꾸준히 행하면 몸의 세포들이 깨어나고 단전이 살아나며, 단전이 살아나면 몸에 정기신精氣神이 충만해지면서 점점 에너지가 뇌 속으로 올라오게 됩니다. 이것이 도가 수행에서 말하는 연정화기(煉精化氣, 정을 연마하여 기로 변화됨)·연기화신(煉氣化神, 기를 연마하여 신으로 변화됨)입니다. 이는 정기신의 3단계 변화를 단계적으로 표현한 것인바, 동일한 인간의 에너지가 육체적 차원(精)에서 심리학적 차원(氣)으로 한 번 변모되고, 심리학적 차원에서 다시 영적 차원(神)으로 한 번 더 변모되는 것을 보여주는 것으로써 도가가 제시한 위대한 몸의 연금술입니다.

인문학으로 만나는 마음공부

이것을 쉽게 표현하면 정충(精充, 정이 충만함) · 기장(氣壯, 기가 장함) · 신왕(神旺, 신이 왕성함)이라고 하는데, 명상의 지향점은 결국 신왕에 있는 것입니다. 신왕에 이르러야 몸과 마음의 모든 문제가 해결됩니다. 기수련 · 명상수련 했다는 사람들 중에 정충에 머문 사람들이 있는데, 이 사람들은 에너지가 하단전에 고여 있어 오히려 사고치기 딱 알맞은 부류들입니다. 그 다음 기장에 머문 사람들이 있는데, 이 단계만 되어도 에너지가 중단전까지 올라와 마음이 주체를 확립하여 심리적으로 안정되고 밝은 에너지를 발산합니다. 다만, 아직 자아에 얽매이는 습ᄧ을 떨어내지는 못한 단계라 수행을 게을리 하면 안됩니다.

신왕에서의 신神이란 영묘한 정신 활동의 총체를 말하는 것으로, 신왕이란 한사람이 정신적, 영적으로 매우 원숙한 상태에 도달했음을 의미합니다. 요컨대, 신왕이란 에너지가 상단전, 즉 뇌 속에까지 왔다는 뜻입니다. 이렇게 에너지가 독맥을 타고 뇌 속으로 꾸준히 올라오면 종국에는 뇌가 변화됩니다. 뇌의 변화, 이것이야말로 명상의 예기치 못한 결과입니다. 그리고 그 과정에서 뇌 속에서 열리는 무언가가 하나 있는데, 그것이 바로 '송과체(松果体, pineal gland)'입니다.

송과체는 하단전의 에너지가 뇌에까지 올라오지 않으면 결코 열리지 않습니다. 그래서 송과체가 열리는 체험을 한 사람이 별로 많지 않습니다. 말하자면 도가수행의 정충 · 기장 · 신왕 중에서 '신왕'과 관련된 것이 바로 송과체입니다. 송과체는 한의학의 경락 상 '인당'에 해당하는데, 인당을 뚫고 뇌 속으로 쭉 들어가면 뇌 정중앙에 송과체가 있습니다. 송과체는 매우 비밀스러운 자리입니다. 그런 까닭에 종래 모든 종교에서 이 자리를 중시했습니다. 그래서 이곳을 부르기를 도교에서는 '인당'(印堂, 진리의 도장이 찍힌 곳), 불교에서는 '미간백호상', 힌두교에서는 '제3의 눈'이라 했던 것입니다. 《나는 티벳의 라마승이었다》는 책을 보면 티벳 불교에서도 이 자리를 매우 중시했음을 알 수 있는데, 이들은 이 자리를 열려고 외과적 수술을 시행하기도 하였습니다.

나는 아직 어린 나이에 어떤 특수한 수술을 받았는데, 그 수술은 이른바 제3의 눈을 여는 수술이었다. 특별한 양초 용액에 담갔던 딱딱한 나무 꼬챙이를 나의 이마 한복판에 꽂아 넣어 어떤 선(腺, gland)을 자극하는 것이 그 수술이었으며, 결과적으로 그 수술이 나에게 보다 강한 투시력을 주었다. 나는 태어나면서부터 상당한 투시 능력이 있었는데 그 수술 후에는 정말 이상하리만큼 투시력이 강해져, 사람들을 둘러싸고 있는 '오라(aura)'를 볼 수 있었다.

- 《나는 티벳의 라마승이었다》, 롭상람파, 정신세계사, 5쪽

그러나 외과적 수술은 그리 좋은 방법이 아닌 듯합니다. 왜냐하면 제3의 눈과 같은 중요 부위가 열리고 안 열리고 하는 것은 그 사람의 정신의 차원과 밀접한 관련이 있어서 그런 것인데, 그것을 인위적으로 수술을 해서 열어젖히면 갑자기 태권도 흰 띠가 검정 띠

인문학으로 만나는 마음공부

를 두른 것처럼 되어 감당할 수 없는 결과가 생길 것이기 때문입니다. 송과체는 해부학적으로 우리 뇌의 정중앙에 깊숙이 박혀 있으며 뇌와 신경계통 전체를 조절하는 총 사령탑입니다. 따라서 인당이 열리면 몸 전체가 열리고 인당이 닫히면 몸 전체가 닫히는 것입니다. 즉 인당이 우리 인체의 '마스터키(master-key)'입니다.

따라서 인당이 열리면 파충류의 뇌, 구포유류의 뇌, 신포유류의 뇌 할 것 없이 모두 열리게 되는 겁니다. 다시 말하면 인당이 열렸다는 것은 모든 뇌가 열려 통합됐다는 것을 의미하는 것입니다. 요컨대, 상호충돌 · 대립하는 세 개의 뇌를 통합시키는 자리가 바로 인당인 것입니다. 우리가 절간에서 마주치는 불상의 '미간백호상'은 바로 이것을 상징적으로 보여주는 것입니다.

인당은 사람의 몸에서 가장 영적이며 가장 비밀스런 장소입니다. 이곳이 열리면 사람이 부처가 되는 자리입니다. 불교는 이것을 이미 2,500년 전에 알아서 불상을 통해 우리에게 보여주는 것이고, 도교 역시 수천 년 전에 이것을 알아서 경전에 다 정리해놓았던 것입니다.

인당이 열리면 크게 세 가지 공덕이 따라옵니다.

첫째, 인당이 열리면 치매가 오지 않습니다. 치매의 문제는 20세기 들어 인간의 수명이 급격히 장기화됨에 따라 앞으로 두고두고 우리 인류를 괴롭힐 문제입니다. 약물치료만 한다고 해서 될 일이 아닙니다. 온 인류는 이제 명상을 배워야 할 때가 왔습니다. 치매란 뇌의 전두엽이 얇아지는 현상입니다. 전두엽이란 사물에 대한 종합판단을 하는 곳인데, 이 전두엽 주변의 세포들이 죽어 전두엽이 얇아지면 사물에 대한 온전한 판단을 할 수 없습니다. 이것이 치매입니다. 반면에 명상이란 전두엽을 두텁게 만들어주는 행위입니다. 인간의 행위 중에 어떤 것도 전두엽을 두텁게 해주는 것은 없습니다. 오직 명상만이 그것을 가능하게 합니다. 명상을 통해 전두엽이 두터워진 사람은 절대 치매가 오지 않습니다. 그 사람은 나이가 들수록 더 깊고 원숙한 사고를 할 수 있습니다. 조물주가 가장 좋은 치매약으로 명상을 제조해 놓으셨는데, 우리가 너무 게을러 이 약이 어디 있는지를 찾지 못하고 있는 겁니다. 안 된다고 포기하면 안됩니다. 명상은 하루 이틀 만에 자라는 콩나물이나 고사리 같은 식물이 아닙니다. 명상은 커다란 거목과 같습니다. 묵묵히 물을 주고 거름을 주며 가꿔 보십시오. 하루 이틀 만에는 모습을 드러내지 않으나 꾸준히 노력하다 보면 어느 날 문득 커다란 아름드리 나무와도 같이 우뚝 서서 명상은 당신의 지친 영혼에게 쉬어갈 그늘을 제공해줄 것입니다.

둘째, 인당이 열리면 뇌에서 강한 전류가 발생합니다. 세 개의 뇌가 서로 긴장·충돌하고 있을 때는 뇌 안의 전기적 에너지가 급격하게 소모됩니다. 즉, 초조·불안·긴장이 계속된다는 것은 뇌가 소진된다는 것이며 방전(burn-out)된다는 의미입니다. 반면 인당이 열리면 전기적 에너지가 회복되고 충전됩니다. 그리고 이때 송과체에서 강한 전류가 발생되는 것입니다. 과학적 입장에서 보자면 원래 인간의 뇌라는 것은 일종의 배터리입니다. 그러므로 뇌의 충전과 방

인문학으로 만나는 마음공부

전은 속일 수 없는 현상입니다.

셋째, 인당이 열리면 사람이 천지의 정신과 왕래하게 됩니다. 이 것을 웅변적으로 보여주는 것이 불상의 '미간백호상'입니다. 양미 간에서 은은히 빛을 발하고 있는 백호상은 지금 한사람의 부처가 깊은 삼매에 들어 우주와 합일돼 있음을 보여줍니다. 이것을 장자 는 '독여천지정신왕래'(獨與天地精神往來, 홀로 천지의 정신과 왕래한다)라 불렀습니다.

우리 인간은 원래 하늘의 자식입니다. 하단전을 잘 갈무리하여 몸 의 생리적 기초를 튼튼히 하고, 중단전을 잘 갈무리하여 칠정의 동 요를 가라앉혀 심리적 기틀을 견고히 하면 몸 안의 에너지가 한 푼 의 손실도 없이 수승화강水昇火降의 원리에 따라 독맥을 타고 뇌로 올라오게 됩니다. 이것이 바로 도가수행에서 말하는 '환정보뇌(還精 補腦, 정을 되돌려 뇌를 보한다)'입니다. 환정보뇌는 도가수행자들이 발견 한 위대한 몸의 연금술입니다. 가장 낮은 것이 가장 높은 것과 하나 로 연결돼 있습니다. 인당은 우리 몸의 영적 중심입니다. 환정보뇌 가 이루어져야 비로소 인당이 열리는 것입니다. 다시 말하면 도가에 서 말하는 '환정보뇌'가 사람의 양미간 사이에 모습을 드러낸 것, 그 것이 바로 불가의 '미간백호상'인 것입니다. 도가는 몸에서 이루어 지는 연금술의 전체 과정을 중시하는 것이고, 불가는 도달된 결과를 중시하는 것 일뿐 양자는 동일한 것입니다. 진정으로 수행의 깊이에 도달한 사람이라면 '환정보뇌'에서 '미간백호상'을 볼 수 있어야 하 고, 반대로 '미간백호상'에서 '환정보뇌'를 읽어낼 수 있어야 합니다.

긴장유발축과 이완유발축

음이 있으면 양이 있듯이, 송과체가 있으면 이것과 대립되는 무엇이 반드시 있습니다. 그것이 편도체입니다. 송과체가 우리 몸의 이완과 휴식을 총괄하는 자리라면 편도체는 긴장과 불안을 총괄하는 자리입니다. 앞서 편도체(아미그달라) 이야기를 잠깐 했다시피, 편도체는 위험이 닥치면 빨간불이 들어오는 위험경보장치입니다. 즉, 공포나 위험이 감지되면 그 순간 편도체는 위험신호를 시상하부에 보내고, 시상하부는 뇌하수체를 자극시키며, 자극된 뇌하수체는 신장 위에 달린 부신(adrenal)에 명령을 내려 전투호르몬인 아드레날린(adrernalin)을 분비시킵니다. 이것이 시상하부 - 뇌하수체 - 부신피질 호르몬축(Hypothalamus - Pituitary - Adrenal axis, HPA axis)이라 불리는 우리 몸의 이른바 '긴장유발축'입니다.

서양학자들은 이 '긴장유발축'을 귀신같이 찾아냈습니다. 그건 분명 그들의 공입니다. 그런데 그들은 긴장유발축만 찾아냈지 정작 중요한 '이완유발축'은 찾아내지 못했습니다. 그 이유야 간단하겠지요. 주변에 긴장하고 사는 사람들이 많으니까 여러 가지 실험을 할 수 있어 긴장유발축은 쉽게 찾아냈지만, 스스로 자기 몸과 마음을 이완시킬 줄 아는 사람이 없으니까 관찰이나 실험을 할 수 없어서 이완유발축은 못 찾아낸 것입니다. 그러나 사실을 말하자면 '이완유발축'은 이미 도교에서 2천 년 전에 발견돼 있었습니다. 다만, 그것을 멋없이 '이완유발축'이라 부르지 않고 오묘한 이름으로 '통삼관通三關'이라 불렀던 겁니다.

인문학으로 만나는 마음공부

통삼관이란 무엇인가? 그것은 삼관(세 개의 주요 관문)이 통했다는 뜻입니다. 그러면 삼관은 무엇인가? 삼관이란 우리 몸의 '인당(혹은 백회)-옥침-장강'을 말합니다. 이 삼관은 다름 아닌 자율신경계 상의 부교감신경과 일치합니다. 부교감신경과 마찬가지로 삼관은 몸의 이완과 회복을 주관하는 자리인 것입니다. 저는 도교 수행의 통삼관이 바로 '이완유발축'이라는 점을 다시 한번 강조하고 싶습니다.

다시 송과체와 편도체로 돌아가 보겠습니다. 송과체는 이완유발축의 핵심 자리이고 편도체는 긴장유발축의 핵심 자리입니다. 긴장유발축은 생존을 위해 반드시 필요하지만 너무 자주 발동되면 안됩니다. 스트레스 반응이 잦으면 생명은 고갈될 수밖에 없습니다. 송과체가 중요한 이유가 바로 여기에 있습니다. 송과체는 긴장유발축을 억제해주는 기능을 하기 때문입니다. 동양의학적 관점에서 말한다면 송과체는 늘 몸의 에너지를 수렴시키는 수렴지기의 핵심 자리이고, 편도체는 에너지를 발산시키는 발산지기의 핵심 자리입니다. 그러니까 송과체가 열리면 정신이 차분해지면서 직관력, 통찰력, 투시력이 강해지는 것이며, 반대로 편도체에 불이 들어오면 사람이 공격적으로 변하면서 불안감, 초초감, 공포감에 휩싸이게 되는 겁니다. 그러므로 송과체가 열린 사람은 머리가 차분하여 생각을 멈출 수가 있는데 반해 편도체가 활성화되면 머릿속이 복잡해서 생각을 멈출 수가 없게 됩니다.

이것을 공부에 비유하자면 아이들이 송과체가 활성화되면 공부가 쏙쏙 머리에 들어오는데 반해, 편도체가 활성화되면 공부가 머리에 들어올 수가 없는 겁니다. 송과체가 열리면 수렴지기가 강해지기 때문에 지식이 주변에 스치기만 해도 달라붙습니다. 반면, 공부가 안 되는 아이들은 열에 아홉은 편도체에 불이 들어와 있는 상태입니다. 그러므로 넓은 의미에서 이야기할 때 우리는 편도체를 가라앉히고 송과체를 활성화시키는 쪽으로 가야 합니다. 이것이 '통삼관' 공부이고, '이완유발축'을 살리는 공부입니다.

인문학으로 만나는 마음공부

4강

—

단식

생각과 의식

우리 인간은 스스로 생각하며 산다고 여기지만, 자세히 보면 생각하며 사는 게 아니라 생각 속에 갇혀서 살고 있습니다. 주체적으로 자기가 생각을 부리며 사는 게 아니라, 반대로 생각의 지배를 받고 살고 있습니다. 생각도 분명 나의 일부인데 팔다리를 부리듯 자유자재로 생각을 부리며 사는 이는 별로 없고, 우리 대다수의 호모 사피엔스는 그 이름에 걸맞지 않게 생각의 노예처럼 생각에게 부림을 당하며 살아가고 있습니다.

생각은 의식 자체가 아닙니다. 생각은 의식의 내용물입니다. 그렇기에 생각은 오고가는 것일 뿐입니다. 기쁜 생각, 슬픈 생각, 괴로운 생각, 서운한 생각 등등이 그때그때 우리 마음속을 오고갑니다. 각양각색의 생각들은 오기도 하고(生), 가기도 하며(滅), 커지기도 하고(增), 작아지기도 하며(減), 때가 타기도 하고(垢), 깨끗해지기도 합니다(淨).

그러나 의식 자체는 이 모든 것들과 무관합니다. 의식은 생각들의 근본 바탕이며 그릇입니다. 의식은 오고가는 것이 아닙니다. 아무 흔들림이 없습니다. 항구적으로 영원히 그 자리에 있습니다. 의식은 오지도 않고 가지도 않으며(不生不滅) 때가 타지도 않고 깨끗해지지도 않으며(不垢不淨) 불어나지도 않고 줄어들지도 않습니다(不增不滅). 이것이 《반야심경》이 알려준 우리의 순수 의식입니다. 생각에 머물지 말고 이 의식에 집중하십시오. 그래서 생각과 의식이 분리될 수 있다는 사실을 깨달으십시오. 불가에서 '깨달음'을 말하는데 과연 무엇을 깨닫는다는 것입니까? 바로 나의 본질을 깨닫는다는 것입니다. 바로 이 순수 의식을 깨닫는다는 것입니다.

오고가는 숱한 생각의 너머에 오고감이 없는 초월적 의식이 존재한다는 사실을 깨달으십시오. 의식은 어떤 것에도 얽매이지 않습니다. 의식은 영원불멸하며 광대무변합니다. 이 의식이 바로 초월절대의 우주 본체입니다. 이것이 바로 '나'입니다. 내 안에 우주 본체가 들어 있습니다.

그러기에 심즉불心則佛이요, 인내천人乃天이요, 심즉도心則道입니다. 싯다르타 태자도 이것을 깨우쳐서 붓다가 된 것이고, 수운 최제우도 이것을 깨우쳐서 동학을 창시한 것이며, 우리 소인배들도 이것을 깨우쳐서 장차 대인이 될 수 있는 것입니다.

몸의 단식

단식은 굉장히 좋은 것입니다. 몸에 긴 휴식을 주고 노폐물을 제거해주기 때문입니다. 영어로 아침밥을 'breakfast'라고 하는데, 이것은 밤사이 행한 단식(fast)을 깬다(break)는 뜻입니다. 하루 세 끼 먹는 사람을 기준으로 아침 8시경 아침을 먹고, 낮 12시경 점심을 먹고, 저녁 8시경 저녁을 먹는다고 칩시다. 그럼 이 사람은 밤 8시부터 다음 날 아침 8시까지 12시간 단식을 한 겁니다. 하루 24시간 중 절반에 해당합니다. 단식의 효과는 5장6부 중에 '6부'를 중심으로 생각하면 이해가 빠릅니다.

원래 5장(간, 심, 비, 폐, 신)은 모두 속이 꽉 찬 덩어리입니다. 반면에 6부(소장, 대장, 방광, 위, 담 등)는 모두 속이 텅 빈 주머니처럼 생겼습니다. 그래서 '창고 부腑'자를 쓰는 겁니다. 텅 비움을 유지하라는 것이지요. 따라서 6부는 물질을 오래 붙들고 있으면 안됩니다. 가능한 빨리 물질을 다른 곳으로 보내고 본래의 생김새 대로 텅 빈 주머니 상태로 돌아가야 합니다. 이것이 6부의 건강 비결입니다. 위의 건강 비결은 위를 비워주는 겁니다. 소장, 대장도 마찬가지입니다. 그러므로 단식은 6부의 기능에 아주 잘 부합합니다. 단식을 하면 1차적 효과는 6부가 바로 누리게 돼 있습니다.

사실 단식이 가장 힘을 쓰는 때는 중병에 걸렸을 때입니다. 모든 병은 독(毒) 때문이므로 중병일수록 몸에서 독을 제거하는 것이 중요합니다. 항암제니 방사능이니 하는 것도 모두 이를 위한 겁니다. 여기에 단식의 중요성이 있습니다. 단식에는 강력한 독 제거 효과가 수반됩니다. 그러므로 몸에 오래된 지병이 있는 사람은 더 늦기 전에 단식을 감행해 보는 것도 좋습니다. 특히, 위장병 같은 것은 1주일이면 완치되고도 남습니다.

그러면 단식은 어디서 온 걸까요? 단식은 개에게서 왔습니다. 개는 아프면 자동으로 단식에 들어갑니다. 몸이 안 받기 때문이지요. 이점에서 개(넓게는 동물)는 인간보다 낫습니다. 인간은 아픈 중에도 꾸역꾸역 무언가를 먹습니다. 이게 몸에 나쁜 겁니다. 인간은 몸 안에 원기元氣와 곡기穀氣 두 가지가 있습니다. 원기가 선천지기이고, 곡기가 후천지기입니다. 곡기는 몸의 활동을 담당하는 녀석이고, 원기는 근본 생체에너지로 병을 치료하는 녀석입니다. 원기가 병을 치료하기 위해 막 움직이려 하는데, 음식이 쏟아져 들어오면 음식을 소화시키느라 원기가 분산되어 병 치료를 할 수가 없습니다. 동물들은 본능적으로 이를 알고 아프면 곡기를 끊는 것입니다.

그러나 생각해보면 단식이 꼭 동물에만 있는 것은 아닙니다. 사실 식물이 동물보다 더 오랜 단식의 역사를 가지고 있습니다. 식물들은 겨울이 되면 서너 달씩 단식을 합니다. 겨울이 오면 나무들은 땅속으로 깊이 잠복해서 대문을 걸어 잠급니다. 그렇게 긴 단식을 하고 봄이 되어서야 음식을 먹기 시작합니다. 그러니 얼마나 음식이 맛있겠습니까? 수액을 쭉쭉 빨아들여서 며칠 사이에 초목들은 싱싱하게 '부활'하지 않습니까? 기독교에서 부활절을 춘분 다음(춘분을 지난 첫 만월 다음의 일요일)으로 정해놓고 있는 것도 다 이런 것을 고려해서 한 것이겠지요. 아주 시의적절한 타이밍이라 하겠습니다.

부처님은 49일 단식을 했습니다. 예수님은 40일 단식했습니다. 모세는 80세의 나이에 40일 단식했다고 알려져 있습니다. 그러나 이분들은 몸 때문에 단식한 것이 아닙니다. 단식은 몸 때문만이 아니라 예부터 영적 수련의 강력한 도구로 사용되었습니다.

마음의 단식

몸은 음식을 먹고 삽니다. 그러면 마음은 무엇을 먹고 살까요? 이것은 중요한 질문입니다. 이것은 우리 인간 마음의 작동방식에 관한 질문입니다.

'인간의 마음은 무엇을 먹고 사는가?' 다름 아닌 '생각(thinking)'입니다. 음식을 안 먹으면 몸이 죽듯이, 생각을 안 먹으면 마음은 소멸합니다. 혹시 지금까지 인생을 살아오면서 마음에게 한번이라도 생각을 안 먹여본 적 있으신가요? 생각이 념(念)입니다. 생각이 사라지고 없는 것이 '무념無念'입니다. 생각의 공급을 절대적으로 멈춘 상태, 이것이 이른바 '무념무상無念無想'입니다.

우리 인간은 스스로 영장류 내지는 호모사피엔스를 자처하고 있지만, 실은 생각을 자유자재로 컨트롤하지 못하는 존재입니다. 여러분도 지금 여기서 당장 '생각의 공급'을 한번 그쳐 보십시오. 쉽지 않을 것입니다. 이것이 자유자재로 되는 사람이 있다면 그 분은 여기 계실 이유가 하나도 없습니다. 그런 분은 빨리 하산해서 중생들을 구제해야 합니다. '생각의 공급'을 자유자재로 그칠 수만 있다면 이 세상에 무슨 근심, 걱정이 있을 것이며 무슨 우울증, 화병, 분노증후군, 자살충동 따위가 있겠습니까?

철학자들은 관념적이고 애매모호한 소리들을 많이 하지만, 사실 인간 실존의 모든 문제는 과연 우리 인간이 당면한 자기 감정의 동요 앞에서 '생각의 공급'을 중단할 수 있느냐 없느냐에 달려 있습니다. 이것이 되는 사람은 자기 마음의 주인이 되는 것이며, 안 되는 사람은 자기 마음의 노예가 되는 것입니다. 지구상에서 이 문제에 대해 가장 많이 연구한 종교가 불교입니다. '생각의 공급을 그친다'는 것을 불교에서는 '일념무생(一念無生, 한 생각도 일지 않는 경지)'이라고 표현합니다.

인문학으로 만나는 마음공부

여러분, 여기서 한번 우리 모두 다른 걸 다 내려놓고 '일념무생'에 도전해봅시다. 지금부터 1분 동안 '일념무생'을 시도해보겠습니다.

자, 일념무생~
(1분 후)

어떻습니까, 생각의 공급을 그친다는 게 결코 쉽지 않지요? '일념무생'의 경지가 뭔지 한번 알아보려고 했더니 '일념무생'이 되는 게 아니라 '일념무생이란 생각'으로 머릿속이 꽉 차버리지 않습니까? 우리 인간 마음의 작동방식이 이와 같습니다. 생각의 꼬리를 잘라야 하는데, 자르기는커녕 생각의 꼬리를 잘라야 한다는 생각으로 계속 생각이 꼬리에 꼬리를 물고 이어지지 않습니까? 생각 속에 빠진 우리 인간은 마치 어리석은 한 마리 개처럼 자기 꼬리를 보고 신기해서 그것을 물려고 계속 한자리를 뱅뱅 돌고 있는 모습과 흡사하지 않나요? 꼬리를 쫓아가기 위해 개가 속력을 내면 낼수록 꼬리는 더욱 빨리 도망갑니다. 그러면 개는 지지 않으려 더욱더 속력을 높입니다. 그러면 꼬리는 이상하게 더 빨리 도망갑니다. 결국 개는 꼬리를 붙잡을 수 없습니다. 나중에 개는 혀를 내밀고 지쳐 쓰러지고 맙니다. 이보다 더한 자가당착이 어디에 있겠습니까? 인간이 생각 속에 빠져 있는 모습이 바로 이와 같습니다.

인간이 진정으로 자유로운 존재라면 생각을 할 수도 있고 멈출 수도 있어야 하는데 우리 호모사피엔스는 아직 그게 안 됩니다. 생각을 할 수만 있고, 멈출 수는 없습니다. 시동은 걸리는데, 브레이크가 고장입니다. 브레이크가 고장이니 큰 사고가 날 수밖에 없지 않겠습니까? 이를 몸에 비유해보면, 밥을 먹을 수도 있고 멈출 수도 있어야 합니다. 안 그러면 어찌 됩니까? 배가 터져 죽게 되겠지요. 마음도 이와 마찬가지입니다. 생각을 못 멈추니까 뇌가 터지는 것입니다. 이것이 뇌졸중입니다. 뇌졸중·뇌출혈·뇌경색 등은 생각의 브레이크가 고장 나서 생기는 병이지 다른 데 원인이 있는 게 아닙니다.

하루 종일 눈 떠서 잠잘 때까지 우리 마음이 하는 일이 무엇인가요? 그것은 한시도 쉬지 않고 '생각'을 먹는 행위입니다. 이것이 문제입니다. 이러한 행위는 두 가지 곤란한 점을 가져옵니다. 첫째는 과식입니다. 한시도 쉬지 않고 계속 먹기만 하니 이것이 과식이 아니고 무엇이겠습니까? 그래서 이 사람은 뇌가 항상 만성소화불량 상태에 있습니다. 이것은 몸의 소화불량보다 훨씬 더 나쁜 겁니다. 몸의 소화불량이야 약도 많고 치료법도 많지만, 뇌의 소화불량은 그리 간단치가 않습니다. 둘째는 식중독입니다. 음식에만 썩은 음식이 있는 게 아닙니다. 음식에만 나쁜 음식이 있는 게 아니고, 저질 음식이 있는 게 아닙니다. 생각에도 썩은 생각, 나쁜 생각, 저질 생각이 있습니다. 이런 것들은 음식으로 치면 일종의 '부패한 음식'과도 같은 것입니다. 이런 것들을 계속 뇌에게 먹이면 결국 뇌에 식중독이 오는 겁니다. 우리나라 사람들이 '유통기한 초과'에 얼마나 민감합니까? 우유 하나를 먹으면서도 유통기한 따지면서 이상하게도 머리에 들어가는 정신적 음식에 대해서는 이걸 따지는 사람이 없습니

인문학으로 만나는 마음공부

다. 멀쩡하게 생긴 사람이 유통기한이 지난 지 5년 된 생각, 10년 된 생각을 어디 쓰레기통을 뒤져서 또 꺼내 먹고 있습니다. 이러니 어떻게 몸과 마음에 병이 안 오겠습니까? 병이 안 오는게 이상하지요.

우리 인간은 일평생 살면서 단 한번도 생각을 멈춰본 적이 없습니다. 그렇기 때문에 생각을 멈춘 세계가 어떤 세계인지 알지 못하고 살아갑니다. 사람들은 지마다 이런저런 다채로운 경험도 하고, 나름 책도 보고, 공부도 많이 했습니다. 산전수전 다 겪었고, 파란만장한 인생을 살았습니다. 대화를 나눠보면 그런 인생을 안 산 사람이 하나도 없습니다. 그런데 문제는 그 모든 다양한 체험을 했다는 사람들도 생각의 너머에 대해서는 아무런 체험이 없다는 사실입니다. 사람들은 전혀 이것이 무엇인지를 모릅니다. 우리 인류의 99.9퍼센트가 이렇게 살다 죽습니다. 대통령도 노숙자도 이렇게 살다 죽고, 대학 교수도 무학자도 이렇게 살다 죽고, 재벌 회장도 구멍가게 주인도 이렇게 살다 죽습니다. 생각을 넘어선 순수의식의 영역이 무엇인지도 모른 채, 우리는 그저 자아의식에 사로잡혀 한세상을 허겁지겁 살다갑니다. 자기 존재의 원천도 알지 못한 채 쫓기듯 살다 인생을 마감합니다. 이것이 우리 인류 대다수의 삶입니다.

단식과 명상은 공통점이 있습니다. 단식도 굶는 것이고, 명상도 굶는 것입니다. 단식은 음식을 굶는 것이고, 명상은 생각을 굶는 것입니다. 장자는 명상을 '심재心齋'라 불렀습니다. 장자가 말한 '재齋'란 그 원뜻이 단식(fast)이란 의미입니다.

공자가 말했다. "재계齋戒하라, 그대에게 말한다만 인위적인 마음을 가지고 행동한다면 어찌 잘 되겠느냐? 잘된다고 쉽게 생각하는 자가 있다면 하늘이 마땅치 않게 여길 것이다."

이에 안회가 말했다. "저희 집은 가난해서 술도 못 마시고 고기도 먹어본지 여러 달이 됩니다. 이정도면 재계라 할 수 있지 않을까요?"

공자가 대답했다. "그것은 제사지재(祭祀之齋, 제사 때의 재계)이지, 심재가 아니다."

그러자 안회가 말했다. "부디 심재에 대해 가르쳐 주십시오."

공자가 대답했다.

"그대는 생각을 없애고 마음을 하나로 통일하라.

귀(耳)로 듣지 말고, 마음(心)으로 들어라.

다음에는 마음으로도 듣지 말고 기氣로 들어라.

귀는 고작 소리를 들을 뿐이고,

마음은 고작 부합하는 것을 인식할 뿐이지만,

기는 텅 빈 채로 모든 사물을 받아들인다.

도道란 오로지 텅 빈 허虛에 모이는 법,

이렇게 마음을 텅 비우는 것이 곧 심재이니라."

- 《장자》, 인간세

인문학으로 만나는 마음공부

몸을 오염시키는 것이 음식입니다. 마음을 오염시키는 것이 생각입니다.

음식을 끊어 몸을 정화시키는 것이 단식이며, 생각을 끊어 마음을 정화시키는 것이 명상입니다.

잠에는 생각도 없고, 의식도 없습니다.

깸에는 생각도 있고, 의식도 있습니다.

명상에는 생각은 없고, 의식만 있습니다.

낮에 우리는 하루 종일 생각합니다. 잠을 잘 때라야 비로소 우리는 생각을 멈춥니다. 잠이 아니면 생각을 멈추게 할 방도가 없습니다. 잠은 지나친 활동으로 부작용이 생기지 않도록 유기체 보호를 위해 하느님이 강제로 플러그를 뽑는 행위입니다. 잠이 없으면 인간은 휴식할 수 없으며 빨리 죽을 것입니다. 잠 덕분에 우리는 심신의 피로를 풀 수 있으며, 오래 살 수 있는 겁니다. 허나, 잠은 플러그 자체를 뽑아 버리는 것이기 때문에 의식도 소실되어 버립니다. 그래서 잠은 비의식입니다. 그렇기 때문에 잠에서는 결코 의식의 확장이나 영적 성장이 일어날 수 없습니다. 우리는 잠을 아무리 많이 자고 나도 1밀리미터도 영성(spirituality)의 키가 자라지 않습니다. 그래서 잠은 아무리 좋아도 너무 많이 자면 안됩니다. 잠을 너무 자면 바보처럼 됩니다. 그런 이유로 모든 종교 수행자들이 잠을 멀리 하는 것입니다.

이와 반대로 깸에는 생각도 있고 의식도 있습니다. 이것 덕택에 우리는 활동을 할 수 있습니다. 그런데 문제는 항상 이 둘이 결합 돼있다는 것입니다. 이 둘은 어떻게 해볼 수 없을 정도로 결합력이 강해서 보통 사람들은 철썩같이 이 둘이 한 덩어리라고 믿고 있습니다. 그만큼 마음이 많이 오염되어 있다는 뜻입니다. 통상 사람의 마음을 거울에 비유하는데, 여기에 세 가지 상태가 있는 듯합니다.

첫째는 거울에 살짝 먼지가 낀 정도. 이 경우에는 비교적 생각과 의식의 분리가 쉽습니다. 둘째는 거울에 진흙이 낀 상태. 이때는 양 자의 분리가 어렵습니다. 셋째는 거울에 콜타르가 덕지덕지 달라 붙어 있는 상태. 이때는 양자의 분리가 사실상 불가능합니다. 우리 통상의 마음은 세 번째의 경우에 가깝습니다. 우리의 생각은 거의 콜타르와 같은 강한 점도를 가지고 의식에 딱 달라붙어 있습니다. 그래서 생각을 의식으로부터 분리시킬 수가 없는 것입니다.

생각이 너무 두텁고 칙칙해서 그 배후에 존재하는 의식을 완전히 가리고 있는 겁니다. 말하자면 존재의 일식日蝕 현상이 우리 내부에서 일어나고 있는 것이지요. 그렇기 때문에 생각이 잘못 가더라도 의식이 이를 제지하지를 못합니다. 원래는 의식이 주인이고 생각은

인문학으로 만나는 마음공부

손님인데, 손님이 집안에 눌러앉아 주인 행세를 하고 있는 겁니다. 이렇듯 주객이 전도되어 살고 있는 상태, 이것이 통상 우리 중생들의 마음이 처해 있는 상황입니다.

그러면 명상은 무엇입니까? 명상에는 생각은 없고 의식만 있습니다. 의식과 생각의 분리가 일어나는 것, 이것이 명상입니다. 생각이 의식으로부터 분리되면 무엇이 남겠습니까? 순수의식이 남습니다. 명상 안에서는 더는 생각이 주인 행세를 하지 못합니다. 생각은 명상 안에서 점점 고분고분해지고, 점점 작아지고, 점점 소멸합니다. 그리고 참다운 주인, 즉 의식이 존재의 전면에 등장합니다. 이렇게 잘못돼있던 주객전도를 바로잡는 것, 이것이 명상입니다. 이렇게 되면 마음 안에 생각이 없어집니다. 일체의 생각과 일체의 잡념이 사라진 텅 빈 마음의 상태, 이것이 바로 장자가 말했던 심재(心齋)입니다. 명상 안에서는 생각은 텅 비어 없지만, 의식은 별처럼 초롱초롱 깨어 있습니다. 요컨대, 명상 안에서는 생각과 의식의 분리 현상이 생기는 것입니다. '생각과 의식의 분리', 이것이야말로 명상에서 일어나는 중대하고 놀라운 현상입니다. 어떤 과학, 어떤 철학도 아직 이것을 발견하지 못했습니다. 생각으로부터 분리된 이 의식, 생각의 저 너머에 있는 이 의식, 생각으로는 도달할 수 없는 이 의식, 이것이 순수의식·절대의식입니다. 이것이 바로 초월적 의식이며, 참나이며, 진리이며, 하느님이며, 도道입니다. 무슨 이름으로 불리우든지 간에 이것이 우주의 어버이입니다. 우주천지만물은 모두 이 품에서 나와서 이 품으로 돌아가는 것입니다. 그런데 우리는 생각에 가려 이것을 보지 못합니다. 그러고는 또다시 생각으로 이것을 찾으려 합니다. 재차 삼차 생각으로 의식을 가리면서, 그 의식의 원천을 구하려고 하는 어리석은 존재, 이것이 호모사피엔스, 우리 인간입니다.

손님과 주인

생각은 속박이고, 의식은 자유입니다.

생각은 집착이고, 의식은 놓아줌입니다.

생각은 분리이며, 의식은 합일입니다.

생각은 아집이며, 의식은 자비입니다.

생각은 방황이며, 의식은 구원입니다.

생각은 외로움이며, 의식은 은총입니다.

생각은 낙원에서의 추방이며, 의식은 낙원으로의 귀환입니다.

생각은 나에게 속하고, 의식은 하늘에 속한 것입니다.

생각은 자기 주장이며, 의식은 비움입니다.

생각은 집 떠난 탕아이고, 의식은 불러들이는 아버지입니다.

생각은 파도이며, 의식은 바다입니다.

생각은 나뭇잎이며, 의식은 뿌리입니다.

생각은 잠시이며, 의식은 영원입니다.

생각은 티끌이고, 의식은 허공입니다.

생각은 손님이고, 의식은 주인입니다.

생각은 분별이며, 의식은 진리입니다.

인문학으로 만나는 마음공부

생각은 어둠이고, 의식은 빛입니다.

어둠이 빛을 이긴 적은 없습니다.

《불경》에 보면 붓다가 아직 깨닫지 못한 대중들에게 이렇게 설법하는 구절이 나옵니다. 이것은 '객진客塵의 비유'로 알려진 유명한 설법입니다.

"내가 처음 도를 이루어 녹야원에서 **아약다**를 비롯한 사부대중에게 이렇게 법을 설한바 있다. 일체중생이 아라한(깨달은 자)의 과보를 얻지 못한 것은 객진 번뇌 때문이라고. 그때 그대들은 무엇을 깨달아 지금 아라한의 과보를 성취하였느냐?"

그러자 아약다가 일어나 아뢰었다.

"저는 지금 나이가 많이 들었습니다만, 여러 대중 가운데 유독 저만 '안다'는 뜻인 아약다라는 이름을 지니게 되었습니다. 그것은 '나그네(客)'와 '티끌(塵)'이란 두 글자의 의미를 알아차렸기 때문입니다.

세존이시여, 비유하옵건대 나그네가 여관에 들어가 잠을 자거나 혹은 밥을 먹거나 하는 일을 마치면 오래 머물지 않고 다시 길을 떠나는 법입니다. 그러나 여관 주인은 떠날 이유가 없습니다. 이와 같이 떠나는 것은 나그네이고 머무는 것은 주인이니, 잠시 있다

'아약다'는 잘 알았다는 뜻으로, 붓다께서 깨달음을 성취하신 후 녹야원에서 행한 초전법륜을 듣고 제일 먼저 제자가 된 비구.

가 떠나는 것이 객진번뇌의 객客, 즉 나그네를 뜻합니다.

또한 비가 그치고 맑은 해가 하늘 위에서 비추면 그 빛이 틈으로 들어와 허공 속에 있는 온갖 티끌에 비칠 때, 티끌은 이리저리 요동치지만 허공은 고요할 따름입니다. 이와 같이 고요한 것은 허공이고 요동치는 것은 티끌이니, 이처럼 쉴새 없이 요동하는 것이 객진번뇌의 진塵, 즉 티끌을 뜻합니다.

– 《능엄경》, 제2장

그렇습니다. 생각은 손님이고 의식은 주인입니다. 생각은 티끌이고 의식은 허공입니다. 여관 주인은 떠날 이유가 없고, 허공은 요동칠 이유가 없는 것입니다. 내 마음이 주인인 것을 알면 됩니다. 내 마음이 허공인 것을 알면 됩니다.

인문학으로 만나는 마음공부

5강

멍 때리기

아버지의 집

명상이란 마음을 불현듯 '지금 여기'로 돌아오게 하는 것입니다. 이것이 회광반조(도교)이고, 돌아온 탕아(기독교)입니다. 탕아는 어디로 돌아왔습니까? '지금 여기'로 돌아왔습니다. '지금 여기'가 바로 아버지의 집입니다. 이것이 바로 무념무상입니다. 아버지의 집에 오기 전에는 온갖 잡생각에 시달렸지만, 아버지의 집에 당도한 사람은 머릿속에 아무 잡생각이 없습니다. 그래서 아버지의 집입니다. 아버지의 집은 순수한 존재의 왕국입니다. 이곳에서는 모든 짐을 내려놓고 편히 쉴 수 있습니다.

그럼 과거·미래는 어떤 곳입니까? 그곳은 사탄의 집이며 마귀의 집입니다. 어떤 마귀입니까? 번뇌망상이라는 마귀입니다. 번뇌망상은 어디서 옵니까? 자아에서 옵니다. 바로 탐·진·치에서 옵니다. 바로 탐·진·치가 사탄이며 마귀입니다. 탐·진·치 말고 무슨 사탄이 있겠습니까?

나의 탐·진·치와 너의 탐·진·치가 서로 싸웁니다. 그러다보니 점점 사탄과 마귀가 더 커지고 많아집니다. 그러나 사람들은 남의 탐·진·치만 사탄·마귀라 욕합니다. 자기 것은 그렇게 부르지 않습니다. 자기 것은 항상 선이고, 진실이라 여깁니다.

과거와 미래는 자아의 집이며 지금 여기는 아버지의 집입니다. 과거와 미래란 존재하지 않는 신기루이며 지금 여기만이 진실로 존재하는 아버지의 왕국입니다.

인문학으로 만나는 마음공부

멍 때리기 대회

현대인의 삶은 무엇을 위한 것인지는 모르겠으나 다들 너무 바쁘게 돌아갑니다. 삶이 여유가 없고, 팍팍하고, 과도한 경쟁에 몰리고 있습니다. 그러니 항상 머릿속이 복잡합니다. 머릿속이 어수선하고, 갈팡질팡하고, 스트레스에 꽉 차 있습니다. 이 과로에 직면한 가엾은 뇌를 좀 쉬게 해주면 안 될까요? 정말 우리, 특히 한국인에겐 뇌 휴식이 필요한 상황이 아닐까요?

뇌 휴식에 가장 좋은 것이 바로 명상입니다. 명상이야말로 우리 인간이 행하는 5만8천 가지 행위 중에서 뇌를 휴식하게 하는 유일한 것입니다. 그래서 수천 년 전부터 종교의 가장 심오한 영역 안에서 명상 비법이 전수되어왔던 것입니다. 그런데 문제는 이 명상에 이르는 길이라고 하는 것이 너무 '좁고 험하다'는 겁니다. 그래서 일반인들은 접근이 용이하지 않습니다. 명상은 사람으로 치면 너무 예쁜 나머지 '가까이하기엔 너무 먼 당신'입니다. 갖고는 싶은데 가질 수 없는 것, 그것이 명상입니다. 그런 점에서 명상은 우리를 괴롭힙니다. 너무 숭고해서 우리를 괴롭히고, 너무 아름다워서 우리를 괴롭히고, 너무 멀고 높아서 우리를 괴롭힙니다. 명상은 우리를 너무 힘들게 합니다. 그래서 명상으로 직접 갈 수는 없으니 쉬어갈 만한 '중간 거점'이 필요합니다. 그것이 바로 멍 때리기입니다.

복잡하던 머리가 바로 개운해질 수는 없으니 중간 단계에서 잠시 멍해졌다 가는 겁니다. 이것이 멍 때리기입니다. 머리가 멍해지는 데는 세 가지가 있습니다. 첫째는 외부적 충격에 의한 것입니다. 가령 머리를 세게 부딪히거나 얻어맞은 경우입니다. 이것은 해로운 겁니다. 빨리 병원에 가서 치료해야 합니다. 둘째는 내적 충격에 의한 것입니다. 가령 운전하고 가는데 아버지가 갑자기 돌아가셨다는 전화를 받는 경우입니다. 이것도 해로운 겁니다. 순간 판단력을 잃고 전봇대를 들이받을 수 있습니다. 셋째는 내적 조율에 의한 것입니다. 이것이 좋은 겁니다. 주로 호흡을 통해 조율합니다. 앞서의 둘은 혼미하여 컴퓨터가 다운되는 것이라면, 이것은 컴퓨터를 리셋하는 것입니다. 그러므로 호흡의 흐름을 통제할 수 있어야 합니다. 호흡도 통제 못하면서 멍 때리기를 한다는 건 헛소리입니다. 그것은 말짱 거짓말입니다.

얼마 전 우리나라에서 '멍 때리기 대회'라는 게 열렸습니다. 몇 년 전부터 매년 열리고 있는 신기한 대회입니다. 멍 때리기를 가지고 대회를 연다는 생각이 참 기발합니다. 멀쩡하게 생긴 선남선녀 수십 명이 섭씨 33도가 넘는 폭염의 날씨에 한강시민공원에 앉아 주최 측의 요구대로 땡볕에서 멍 때리기를 합니다. 뇌 휴식의 필요성을 널리 알린다는 대회의 취지는 이해하지만, 멍 때리기를 대회를 열어 이렇게 경쟁적으로 한다는 게 말이 되는 걸까요? 멍을 때린다는 것은 다름 아닌 경쟁을 내려놓는다는 것인데 말입니다. 저는 저녁 뉴스에서 이 장면을 보면서 한참을 웃었습니다. 과연 우리 한국인이 아니면 누가 감히 이런 걸 할 수 있겠습니까?

그런데 그 장면을 보면서 한 가지 궁금했습니다. 저 사람들은 과

인문학으로 만나는 마음공부

연 멍을 때리는 건가? 아니면 멍때리는 척을 하는 건가? 그 상황에서 제대로 멍때릴 수 있는 사람은 사실 아무도 없습니다. 모든 형태의 긴장과 애씀과 인위적인 노력을 저만치 내려놓고 잠시 잠깐 세상사를 잊어버리는 것, 이것이 멍때리는 건데 그 사람들은 아주 공들여 멍을 때리려고 애를 쓰고 있는 모습이 역력해 보였습니다. 누가 그날 우승을 했는지는 모르지만, 그 사람 참 멍때리는 척하느라고 고생 많았을 겁니다. 다음부터는 멍 때리기 대회를 좀 더 좋은 환경에서 편안하게 하시기 바랍니다.

멍 때리기와 명상

사람은 자기가 보지 않은 것은 남이 설명해줘도 알기가 어렵습니다. 명상도 마찬가지입니다. 요즘 명상에 대한 관심이 부쩍 늘어 여기저기서 명상에 대한 이야기들을 많이 합니다. 그래서 명상이란 말은 간혹 들어보았지만 정확히 그것이 무엇인지 잘 알지 못합니다. 이런 상황에서 정확한 뜻도 잘 알지 못하는 명상이란 말보다 멍 때리기란 말이 더 솔직하고 유용합니다. 왜냐하면 우리 모두는 최소한 멍 때리기가 어떤 건지는 각자의 체험으로 알고 있기 때문입니다. 요컨대, 우리가 하는 행위 중에서 명상과 가장 비슷한 것이 바로 멍 때리기입니다. 이것이 멍 때리기란 용어의 유용성입니다. 즉, 멍 때리기를 잘하면 그것은 명상 비슷한 것이 될 수 있습니다.

원래 명상이란 것은 천국에 들어가는 문이기 때문에 아무나 들어가는 허접한 문이 아니고 요건 심사가 까다로운 '좁은 문'입니다. 좁은 문에 대해서는《성경》에 잘 나와 있습니다.

좁은 문으로 들어가라.
멸망에 이르는 문은 크고 넓어서
그리로 가는 사람이 많지만,
생명에 이르는 문은 좁고 험해서
거기로 찾아드는 사람이 적다

– 《마태》

저는《성경》의 이 구절이 명상에 관한 비유가 아닌가 생각합니다. 원래, 명상은 생명에 이르는 문이며, 또한 그것이 좁고 험해서 제대로 찾아오는 사람이 없는 그런 문이기 때문입니다. 본래 명상에서 만나는 의식의 질은 일상생활에서 만나는 의식의 질도 아니고, 잠에서 만나는 의식의 질도 아닙니다. 달리 말하면 명상에서의 의식 상태는 깨어 있는 일상생활에서의 의식 상태도 아니고 잠에서의 의식 상태도 아닙니다. 즉, 나날의 삶을 영위하는 일상적 의식이나 수면 상태의 의식으로는 명상에 도달할 수 없습니다.

우리 인생은 깨어 있거나(깸) 잠들어 있거나(잠) 둘 중의 하나인데, 명상은 이 둘 어디에도 속하지 않습니다. 이것이 문제입니다. 이것 때문에 명상을 전수하기가 어려운 것입니다. 우리 인간사 전체 영역을 통틀어 아무리 어렵고 힘든 고난도의 행위라 할지라도 그것을 체험하거나 연마하는 데 있어 '다른 의식의 질'을 요구하는 행위

인문학으로 만나는 마음공부

는 어디에도 존재하지 않습니다. 똑같은 의식의 질, 똑같은 의식의 평면 위에서 스승과 제자가 어떤 행위나 체험에 대해 서로 이야기 하며 비법을 전수하는 것이 일반적인 공부 방법입니다. 그러나 명 상은 그런 것이 아닙니다. 명상은 그것을 체험하는 데 처음부터 다 른 의식의 질을 요구합니다. 비유하자면 이는 마치 라디오의 주파 수와 같아서, 만약 주파수를 맞추지 못하면 교신 자체가 안 되는 것 과 같습니다.

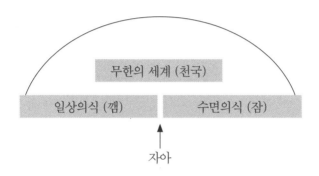

우리가 아는 의식의 질은 일상의식이거나 수면의식 둘 중의 하나 인데, 명상은 이 둘과는 전혀 다른 의식의 질을 가지고 있습니다. 명 상은 수면의식 상태라는 벽과 일상의식 상태라는 벽, 이 두 개의 거 대한 벽 사이에 난 좁디좁은 문 입니다. 일상의식을 지닌 채 이 문 을 통과할 수 없고, 수면의식을 지닌 채 이문을 통과할 수도 없습니 다. 요컨대, 명상이라는 것은 잠들어도 안 되고, 잡념이 들어도 안 되 는 것입니다. 이것이 명상에서 피해야 할 두 가지 장애, 즉 '혼침'(수면의식)과 '산란'(일상의식)의 문제입니다. 명상의 모든 기법은 어떻게 의식의 양극단인 혼침과 산란에 빠지지 않고 부처님 가운데 토막 같은 의식의 중도, 즉 초월적 의식에 들어가는가에 집중되어 있습니다. 이것이 명상의 기본 틀입니다. 여기서 멍 때리기는 정통 명상으로 들어가기는 너무 수속이 복잡하고 어려우니 조금 편법이기는 하나 '혼침' 쪽에 붙어서 명상 비슷한 효과를 좀 보자는 것입니다.

불가에서는 '혼침'을 낙공(落空, 공속으로 떨어짐)이라 하여 마구니의 일종으로 보지만, '혼침'은 '산란'에 비해 훨씬 나은 겁니다. 왜냐하면 산란은 에너지를 소모 · 방전시키지만 혼침은 이완 · 회복시키기 때문입니다. 혼침 쪽에 잘만 달라붙으면 분명 명상 자체는 아니지만 이완의 효과는 누릴 수 있습니다. 그리고 아무리 잘못돼봐야 잠에 빠지는 것뿐입니다. 명상하다가 잠드는 거, 이거 절대 나쁜 거 아닙니다. 잠을 못자는 것이 나쁜 것이지 잠을 잘 자는 것은 좋은 겁니다. 이것이 멍 때리기의 효과와 기능입니다. 이렇게 보면 멍 때리기는 명상의 한 보조 수단이라 할 수 있습니다. 멍 때리기는 좋은 것입니다. 그러니 여러분도 틈나는 대로 체면 따위는 불구하고 멍을 때리시기 바랍니다.

멍 때리기와 아르키메데스

멍 때리기로 인류 역사에서 큰 재미를 본 사람들이 몇 있습니다. 대표적인 것이 유레카(eureka, '발견했다'는 뜻)로 유명한 아르키메데스(Archimedes, 기원전 287~212년)와 만유인력을 발견한 뉴턴(Newton,

인문학으로 만나는 마음공부

1642~1727년)입니다.

아르키메데스는 고대 그리스의 히에론 왕의 신하였는데, 어느 날 왕으로부터 '왕관에 구리가 섞인 것 같으니 그대가 알아봐라'라는 명령을 받고 몇 날 며칠을 고생했다고 합니다. 그러다가 머리가 지끈지끈 아파서 다 팽개치고 목욕이나 한다고 목욕탕에를 갔습니다. 목욕탕에 가면 옷을 다 벗고 몸을 물에 적십니다. 물이란 부드럽게 사람을 감싸며 편안하게 해줍니다. 심신이 이완되는 것이지요. 골치 아픈 문제는 다 잊어버리고 그렇게 탕 속에 몸을 담그고 아르키메데스는 이른바 멍을 때리고 있었던 겁니다. 그때 돌연 답이 떠올랐습니다. 이 신사는 너무 기쁜 나머지 옷도 입지 않은 채 나체로 왕궁을 향해 달려갔습니다. "유레카(eureka, I have found it)"를 연발하면서 말이죠(사람 몸이 탕 속에 들어가면 그만큼 물이 밖으로 흘러넘칩니다. 그렇다면 금이 물속에 들어가면 그만큼 물이 흘러넘칠 것입니다. 그렇다면 구리가 물속에 들어가도 그만큼 물이 흘러넘칠 것입니다. 아! 그렇다면 왕관에 구리가 얼마만큼 섞였는지 알 수 있겠구나! 유레카!).

뉴턴도 마찬가지입니다. 뉴턴도 사과나무 아래서 만유인력의 법칙을 발견했다고 합니다. 도서관이나 연구실에서 발견한 것이 아니고 말입니다. 도서관이나 연구실에서 뉴턴은 연구로 인해 머리가 많이 아팠을 것이고, 스트레스를 많이 받았을 것이며, 그래서 산책이 필요했을 겁니다. 그래서 그날도 자기가 잘 가는 사과나무 밑에 가서 앉아 먼 산을 바라보며 심신을 이완시키고 멍때리고 있었던 겁니다. 그때 갑자기 머리맡으로 사과가 떨어졌습니다. 그걸 보고 이 천재의 머리에서 섬광이 번뜩 일었습니다. 그전에도 여러 차례 뉴턴은 사과나무 밑에 앉았을 것이고, 여러 차례 사과는 떨어졌을 것이지만 그때는 별 반응을 안 보이던 뉴턴이 왜 이날은 유독 큰 영감을 얻게 되었을까요? 그것은 그날 그가 처음으로 마음을 텅 비우고 멍을 제 대로 때렸기 때문이 아니겠습니까? 분명한 것은, 위대한 영감의 순 간은 텅 빈 무심無心의 상태에서 온다는 사실입니다.

- 이상, 본인의 저서《평범하라 그리고 비범하라》125쪽 참조.

아르키메데스도 뉴턴도 명상을 배웠다는 기록이 없는 걸 보면 이 사람들이 명상을 한 것이라고는 할 수 없고, 멍 때리기가 맞는다고 봐야 합니다.

생각하기와 생각 비우기

위의 원래 기능은 음식을 먹어 소화시키는 것입니다. 그러므로 적 당히 먹어야 합니다. 만약 지나치게 먹어 과식이 일상화되면 위의 기능이 망가져 만성소화불량에 이릅니다. 만성소화불량이 계속 방 치되면 위하수가 오고 위염이 옵니다. 모두 위를 혹사시켜 생긴 병 입니다. 이럴 때 치유책은 의외로 간단합니다. 위를 비워주는 겁니 다. 그러면 거짓말처럼 위의 본래 기능이 되돌아옵니다. 이것이 자 연의 이치입니다. 건강이란 이렇게 몸 안에 구현돼 있는 자연의 이 치를 찾아가는 것입니다.

마음도 마찬가지입니다. 마음의 기능은 원래 생각을 먹어 소화시키는 것입니다. 그렇기 때문에 너무 많은 생각을 먹는 것은 정신적으로 과식을 하는 것이고, 그렇게 되면 마음이 본래 기능을 상실하여 더 이상 생각을 소화시키지 못하게 되는 단계에 이르게 됩니다. 그러므로 이것도 일종의 소화불량입니다. 이 상태가 되면 증상들이 여기저기 나타납니다. 가볍게는 근심·걱정이 떠나질 않고, 중하게는 우울증, 화병, 분노증후군 등이 찾아옵니다. 생각을 적게 먹어 정신석 소화가 잘 되고 있는 사람은 이런 병이 오지 않습니다. 예를 들어 우울증이란 어떤 병입니까? 이것은 외부에서 들어오는 정보량에 비해 마음이라는 기계의 정보처리능력이 떨어졌을 때 나타나는 현상입니다. 마음이 들어오는 정보를 그것이 어떤 것이든 상관없이 왕성한 정보처리능력으로 처리해낼 수 있다면 우울증이란 병은 생길 이유가 없습니다. 다른 모든 것들도 색깔만 다소 다를 뿐 동일한 원리로 설명할 수 있습니다.

이러한 정신적 질병들도 앞서 몸의 경우에 살펴보았던 것처럼 치료법은 의외로 단순 명쾌합니다. 위를 혹사시켜 생긴 모든 병이 위를 비워주면 낫는 것처럼, 마음을 혹사시켜 생긴 모든 병들도 마음을 비워주면 낫는 것입니다. 이것이 유일한 해결책이고 근본적인 해결책입니다. 이것이 자연의 이치이고 섭리입니다. 그래서 옛 사람들이 진인이도치병(眞人以道治病, 진인은 도로써 모든 병을 치료한다)이라 했던 것입니다. 이 근본적인 치료법을 무시하고 아무리 약을 많이 먹고, 주사를 맞고, 칼을 대 수술을 해도 병은 완치되지 않습니다. 그 순간 증세는 완화시킬 수 있을지 모르지만 다시 재발합니다. 근본 틀이 그대로 있기 때문입니다. 정신의 관점에서 말하자면 실로 한 인간이 마음을 텅 비워 허虛에 이를 수 있다면 그 사람은 인간 세계의 모든 정신상의 병적 징후와 증세들로부터 완벽하게 자유로운 사람입니다. 그 사람이 바로 진인眞人이고, 초인超人이며, 신인神人입니다.

인간 심心의 완전한 기능은 생각하기(思念)와 생각 비우기(無念) 사이에서 자유자재 하는 것입니다. 인류의 모든 철학과 종교는 이 둘 사이에 놓여 있습니다. 서양 철학자 중에 '생각하기'에 치우친 사람이 프랑스의 데카르트(Descartes)이고, '생각 비우기'를 중시한 사람이 독일의 에드문트 후설(Edmund Husserl)입니다. 데카르트는 생각하기를 좋아해서 '생각한다 고로 존재한다(Cogito ergo Sum)'란 유명한 말을 남겼습니다. 이 말은 처음 들으면 그럴듯해 보이지만 이 말이 정말 맞는 말일까요? 과거 데카르트 시대에는 저 말이 맞았습니다. 왜냐하면 그때 서양 사람들은 중세의 잠을 덜 깬 상태라서 '믿음(believing)'만 알지 '생각(thinking)'은 잘 모르던 때였기 때문입니다. 그래서 누군가 인간들에게 '생각'의 중요성에 대해 말해줘야 했습니다. 그 일을 한 사람이 데카르트입니다. 즉, 그때는 사람들이 '생각'을 잘 못했기 때문에 저 말이 의미도 있고 맞는 말이었지만, 현대는 사람들이 '생각'이 너무 많아 괴롭고 고통스러운데 저 말이 지금도 맞는 말일까요? 우리 인간이 근심 걱정이 가득하고 우울증이 오고 불면증에 시달리는 이유가 다름 아닌 '생각' 때문인데, 그래도 저 명제가 타당할까요? 저 명제는 사람을 속이고 있으며 진실을 호도하고 있습니다. 진실은 사람들이 과도한 생각 때문에 '병'들고 있다는 것입니다. 그러므로 '생각한다. 고로 존재한다'가 아니라 '생각한다. 고로 존재가 병든다'가 오늘날의 상황에 대한 올바른 진단이라 하겠습니다. 사실 인간은 생각하기 때문에 존재하는 것이 아닙니다. 오히려 우리 인간은 생각으로부터 자유로워야 참답게 존재할 수 있는 것입니다. 사람은 생각을 멈출 줄 알아야 합니다. 생각을 멈출 줄 모르면 결국 인심발광人心發狂에 이르게 됩니다. 이것은 재앙입니다. 이런 비슷한 생각을 했던 사람이 독일의 철학자 후설입니다.

후설은 현상학의 창시자로서 그의 철학은 하이데거와 사르트르 등의 실존철학자는 물론 자크 데리다, 미셸 푸코 등 탈현대 철학자, 그리고 제임스 조이스, 마르셀 프루스트 등 현대 문학에도 많은 영향을 주었습니다. 중요한 점은 후설은 데카르트와 견해가 다르다는 것입니다. 후설은 데카르트와 달리 마음에는 두 가지 기능이 있음을 알았습니다. 첫째는 생각하는 기능이고 둘째는 생각을 멈추는 기능입니다. 첫째의 생각하는 기능, 이것이 데카르트가 말한 부분으로서 이른바 '코기토(cogito)'이고, 둘째의 생각을 멈추는 기능, 이것이 후설이 강조하는 부분으로 이른바 '에포케(epoche)'입니다.

후설이 말하는 에포케란 판단중지 내지는 생각중지라는 의미인데, 이것이 그가 제시했던 현상학의 골자라 할 수 있습니다. 즉, 후설은 마음이 가지고 있는 '생각하는 기능'에 많은 부작용과 역효과가 있음을 간파하고 과도한 '생각하기'에 제동을 걸기 위해 데카르트와는 정반대되는 '에포케 철학'을 제시했던 것입니다. 즉, 데카르트의 코기토 철학은 '생각하자'는 것이고, 후설의 에포케 철학은 '생각을 멈추자'는 것입니다.

그렇다면 여기서 '멍 때리기'는 어느 쪽일까요? 데카르트 쪽입니까, 후설 쪽입니까? 당연히 후설 쪽입니다. 역사적 사실을 말하자면 서양 사람 후설의 에포케 철학은 고대 동양의 오래된 명상 기법 특히 불교 명상법 중 하나에서 유래한 것입니다. 그러니 멍 때리기는 당연히 후설의 에포케 철학과 궤를 같이하는 것입니다. 사소하고 장난기 어린 행위 안에도 모종의 철학적 조류의 어떤 경향이 들어 있습니다.

　— 이상, 본인의 저서 《노자2: 문밖에 나가지 않고도 천하를 안다》, 266쪽 참조.

철학자와 새끼 돼지

피론(Pyrrhon, 기원전 360~270년경)이라는 고대 그리스 철학자가 있습니다. 고대 헬레니즘 시대의 철학은 흔히 스토아학파, 에피쿠로스학파, 회의주의학파 셋으로 구분하는데, 피론은 이중 회의주의학파를 창시한 인물로 널리 알려져 있습니다. 피론의 가르침은 한마디로 세상 모든 것에 대해 성급한 결론을 내리지 말라는 것입니다 진리는 쉽게 파악할 수 있는 것이 아니므로 세상만사에 대해 판단을 유보하고 성급하게 긍정도 부정도 하지 말라는 것이 그의 가르침의 골자입니다. 그는 이러한 판단유보의 원칙을 철학 속에 도입해 진실로 기품 있는 방법으로 철학 활동을 행했으며 삶 속에서 늘 평온한 태도를 유지했다고 합니다. 그래서 그는 자기 나라에서 매우 존경을 받았습니다. 사람들은 그를 대사제의 자리에 앉혔으며, 또 그의 덕택에 모든 철학자들에 대해서 나라에서 세금을 면제해 주었다고도 합니다. 에피쿠로스학파의 창시자인 에피쿠로스조차도 자기는 피론의 삶의 방식에 감탄을 하고 있어 피론의 일을 끊임없이 자신이 알려고 한다고 때때로 말했다고 전해집니다.

어느 날 피론이 배를 타고 나가 바다 한가운데서 폭풍우를 만난 적이 있었는데 사람들은 폭풍우가 밀려들자 우왕좌왕하며 어쩔 줄을 몰랐습니다. 이 상황에서 피론이 주변을 살펴보니 새끼 돼지 한 마리가 아무 동요도 없이 태연자약하게 먹이를 먹고 있는 모습이 눈에 들어왔습니다. 그래서 피론은 사람들에게 그 새끼돼지를 가리키며 "현자는 이렇게 마음이 평온한 상태를 유지하지 않으면 안 된다."고 가르쳤다고 합니다.

판단유보의 원칙에 따라 성급한 결론을 내리지 않고 항상 마음의 평정을 유지하며 동시대인들의 존경을 받으며 살았던 피론의 회의주의철학을 잘 계승한 사람이 프랑스의 몽테뉴(Montaigne, 1533~1592년)입니다. 몽테뉴는 우리에게 《수상록》으로 잘 알려져 있는 인물입니다. 몽테뉴는 피론의 가르침에 깊이 깨달은 바가 있어 '판단중지'라는 뜻의 그리스어 '에페코'라는 말을 목걸이에 새겨서 목에 매달고 다녔습니다. 어떤 일에서건 성급히 판단내리거나 단정 짓지 않도록 자신을 경계한 것입니다. 몽테뉴는 현실에서는 이 원칙에 입각하여 보르도 시의 시장직을 원만히 완수했으며, 글을 통해서는 회의주의 입장에서 인간 이성의 어리석음을 예리하게 파헤쳐 오늘날 프랑스 모랄리스트의 최고봉이라고 일컬어지고 있습니다.

이러한 몽테뉴의 '에페코' 사상이 다시 300년 후에 독일로 건너가 현상학의 창시자 후설을 만나게 된 것이고 이 사상은 후설을 통하여 이론적으로 다듬어져 후일 후설의 '에포케 철학'으로 독일 철학계에 정식으로 등장하게 된 것입니다. 피론, 몽테뉴, 후설로 이어지는 에포케 철학의 계보는 평정심平靜心 내지는 무정념無情念의 경지에 이르고자 하는 철학적 움직임으로서, 이는 종래의 이성 중심적 서양 철학과는 궤를 달리하는 것으로 서양 철학 내부의 자기비판적 성격이 강하게 드러난 것입니다.

인문학으로 만나는 마음공부

6강

자아 초월

심즉도(心則道)

우리는 누구나 인간의 내적 본질이 '자아'라고 여기고 살아갑니다. 자아는 누가 뭐래도 이 세상에서 가장 중하고 가장 사랑스러운 것입니다. 그래서 우리는 제일 맛있는 음식을 자아에게 먹이고, 제일 좋은 옷을 자아에게 입히며, 제일 좋은 집에서 자아를 재우며, 항상 자아를 만인 앞에 나서게 합니다. 그래서 우리 인간들은 이것이 잘되면 성공이라 부르고, 이것이 잘 안되면 실패라 부릅니다.

그러나 성공이든 실패든 이러한 세속적 평가 따위와는 무관하게 우주의 시계는 돌고 무정한 시간은 흘러갑니다. 엊그제 꽃이 만발한 꽃 대궐에서 나비와 놀던 그 해맑던 아이가 어느새 나이가 육십이 되고, 칠십, 팔십이 됩니다. 아무도 시간의 흐름을 막을 수가 없습니다. 그 애지중지하던 자아가 늙고, 병들고, 무기력해집니다. 그러면 인생에 남는 게 뭐가 있습니까? 아무것도 없습니다.

자아가 내 전부이고, 전 재산인데 그것이 늙고, 병들고, 무기력해지면 내 인생에 남는 것이 무엇이 있겠습니까? 이런 사람들은 상황이 절박합니다. 찬밥 더운밥 가릴 때가 아닙니다. 무턱대고 하늘이라도 붙들고 애걸복걸해야 합니다. 저라도 그럴 것입니다.

그러나 이와는 달리, 인간의 내적 본질이 '자아'가 아니고 '순수의식'(Pure Consciousness)이라면 이야기가 달라집니다. 순수의식은 늙지도 않으며, 병들지도 않으며, 무기력해지지도 않습니다. 순수의식은 태어나지도 않고, 소멸하지도 않습니다. 순수의식은 붓다에 의하면 '불생불멸이요, 불구부정이요, 부증불감'입니다. 예수에 의하면 '길

인문학으로 만나는 마음공부

이요, 진리요, 생명'입니다. 노자에 의하면 '뿌리(根)요, 생명(命)이요, 영원(常)'입니다. 요컨대, 순수의식은 빛이며 생명이며 영(靈)입니다. 이것을 경전에서는 무량광(無量光), 무량수(無量壽)라 하였습니다.

몸은 백 년 사는 물건이고, 영(靈)은 영원불멸의 존재입니다. 사람의 본체는 영입니다. 영이 사람의 참 주체요, 몸은 잠시 빌려 쓰는 객체입니다. 그래서 몸은 나중에 돌려줘야 되지만. 영은 돌려주는 것이 아닙니다. 영은 오는 것도 아니고 가는 것도 아닙니다. 영은 영원하고 무한한 우주 본체입니다. 우주 본체가 사람 안에 들어있습니다. 인간은 우주와 떨어져 있는 것이 아닙니다. 천지인(天地人)이 하나이며, 나의 본질이 하느님의 본질과 하나입니다. 그러므로 '인즉천(人則天)이요, 심즉도(心則道)'입니다.

이것을 우파니샤드에서는 '아이 엠 댓(I am That)'이라 하였고, 예수는 '아버지와 나는 하나이다'라고 하였으며, 붓다는 '색(나)이 곧 공(하느님)이다', 최제우는 '인내천(人乃天)'이라 하였습니다.

자아 인식 거울

인간을 정확히 알아야 합니다. 인간의 내적 본질은 자아가 아니라 순수의식입니다. 데카르트와 칸트와 쇼펜하우어, 그리고 프로이트에 의하면 인간의 내적 본질은 자아입니다. 그러나 붓다, 예수, 노자, 장자에 의하면 인간의 내적 본질은 자아가 아니라 순수의식입니다. 값을 따질 수 없는 우주의 가장 큰 보물이 내 안에 들어 있습니다. 그런데 그것을 가리는 놈이 있습니다. 그놈이 누구이겠습니까?

바로 자아입니다. 즉, 자아라는 것은 우리의 내적 본질이기는커녕 오히려 그것을 가로막는 커다란 장애 요소입니다. 자아, 즉 개체의 식이 순수의식을 가려서 우리 내부에 일종의 일식(日蝕)현상이 생겨난 것입니다. 그러면 맨 처음 이런 존재의 일식현상이 일어난 이유는 무엇일까요? 이 질문은 어떻게 우리 내부에 자아라는 것이 생겨났는지 자아 형성과정을 묻는 것과 같습니다.

자아인식거울이라는 것이 있습니다. 벽체만 한 커다란 거울인데, 자아인식 실험을 위해 쓰기 때문에 이렇게 부르는 것으로 무슨 특별난 거울은 아닙니다. 이 커다란 거울 앞에 어린아이를 앉혀놓습니다. 어린아이의 코 옆에는 껌처럼 생긴 콩만 한 크기의 검은 점 하나를 붙여놓습니다. 어린아이는 자기 앞에 있는 커다란 거울을 쳐다보며 방긋 웃습니다. 어린아이는 지금 자기 앞에 누가 있는 것이 신기하여 만져보려고 거울 쪽으로 손을 내밉니다. 이 아이는 지금 거울 속에 있는 것이 자기 자신인줄을 모릅니다. 이처럼 자아인식거울을 보면서 손을 거울 쪽으로 내미는 아이, 이 아이는 아직 자아가 형성되지 않았습니다.

그런데 대략 두 살 반에서 세 살 정도에 이르면 아이가 거울 앞에서 다른 행동양식을 보입니다. 앞의 영아(0~2세까지)와 달리 이 아이는 거울을 향해 손을 내미는 것이 아니라 거울을 유심히 보고 있다가 무엇인가를 깨달았는지 손을 자기의 얼굴로 가져가서 코 옆에 붙어있는 검은 점을 떼어냅니다. 자아인식거울을 보면서 자기 얼굴의 점을 떼어내는 아이, 이 아이는 자아가 형성된 것입니다. 이것이

인문학으로 만나는 마음공부

거울을 놓고 행하는 자아인식 실험입니다. 이 실험을 통해 심리학자들이 얻어낸 몇 가지 결론이 있습니다. 인간의 자아는 대략 2.5세 내지 3세 정도에 형성 된다는 것이며, 또 이러한 자아인식능력을 가진 것은 지구상의 수많은 동물 중에서 인간과 영장류 중의 침팬지, 오랑우탄 등 몇 종에 불과하다는 사실입니다. 그 용맹한 호랑이, 사자도 거울 앞에서 자아를 인식하지 못합니다. 집에서 기르는 개, 고양이 역시 마찬가지입니다. 그 영리하다는 여우도 마찬가지입니다.

여기에 중요한 사실이 하나 있습니다. 그것은 인간의 자아는 '형성'되는 것이지, 처음부터 '존재'하는 것이 아니라는 사실입니다. 즉, 자아는 선천적으로 가지고 태어난 고정적 실체가 아니라 후천적으로 형성된 사회적 산물이라는 것입니다. 가령, 왕자로 태어난 아이가 있다고 합시다. 이 아이는 궁궐에서 왕자로 대접받고 자라면서 자기도 모르는 사이에 왕자의 자아를 가지게 될 것입니다. 그런데 그 나라에 난이 일어나 왕족이 모두 몰살당하고 이 아이만 젖먹이인 상태로 혼자 살아남아 어떤 집의 노예로 살게 되었다고 칩시다. 그렇다면 이 아이는 노예의 자아를 가지게 될 것입니다. 이처럼 자아는 고정불변의 실체가 아닙니다.

오리나 기러기 등의 조류에는 '각인효과'라는 것이 있습니다. 오리가 알에서 깨고 나올 때 막 태어난 새끼는 맨 처음 자기랑 눈이 마주친 상대를 자기 어미로 인식해서 그 각인된 효과가 죽을 때까지 지속되는 현상을 가리킵니다. 그래서 만약 오리가 운이 좋아 순탄하게 어미 품 안에서 알을 잘 깨고 나오면 화목한 오리 가족이 되지만,

운이 나빠 태어나기 전에 어미가 죽고 없으면 문제가 생기게 됩니다. 어미 없는 새끼 오리들을 불쌍히 여긴 주인집 딸 '또순이'가 오리들에게 매일 모이를 갖다 주다 보면 새끼 오리들이 또순이를 어미로 알고 하루 종일 또순이를 쫄래쫄래 따라 다닙니다. '아름다운 비행'이라는 영화가 바로 이 각인효과를 잘 보여줍니다.

영혼의 하강 3단계

각인효과 자체는 아니지만 각인효과와 유사하게 인간은 자기를 육체와 동일시하는 버릇이 있습니다. 오리가 죽을 때까지 '각인효과'를 깨지 못하는 것처럼, 우리 인간도 죽을 때까지 '육체와의 동일시'를 깨지 못합니다. 원래 순수의식이 세상에 태어날 때 불가피하게 특정 육체를 빌어 쓸 수밖에 없습니다. 순수의식의 입장에서 보자면 육체 안에 갇히게 되는 것이지요. 그러면 갑작스레 육체 안에 갇히게 된 순수의식은 자신의 우주적 본질을 망각한 채 육체를 자기 자신이라고 착각하게 되는 겁니다. 이것이 바로 '육체와의 동일시'입니다. 이른바 자아관념의 형성입니다.

이렇게 일단 '자아형성'이 이루어지고 나면 그 다음 단계로 '자아집착'이 옵니다. 한번 형성된 것은 강해지기 마련입니다 이 자아집착을 불교에서는 '탐(貪) · 진(瞋) · 치(痴)'라고 부릅니다. 탐은 탐욕이요, 진은 분노요, 치는 어리석음입니다. 탐진치는 인간을 파멸로 이끄는 3대 악덕입니다. 탐은 어떤 것을 소유하고자 하는 것이고, 진은 소유하고 싶었는데 그러지 못해 화가 난 것이고, 치는 소유를

인문학으로 만나는 마음공부

못해 화가 났는데 그것을 모르는 것입니다. 탐·진·치에는 성공자와 실패자가 있습니다. 성공자는 자신의 성공을 지키기 위해 이를 악물고, 실패자는 성공의 자리에 올라가기 위해 이를 악뭅니다. 이런 사회 속에서는 경쟁과 투쟁심이 격화될 수밖에 없습니다. 그러다가 이런 상황이 심해지면 양심이 마비된 인간군상이 나타납니다. 최근 각종 매스컴에 떠들썩했던 법조비리의 관련 변호사들이 그런 인물들입니다. 재판 한 건에 50억, 두 건에 100억, 실로 어이가 없는 노릇입니다. 독거노인들은 박스 한 장에 50원, 두 장에 100원을 받기 위해 그 연세에 힘들게 손수레를 끌고 다니는데 말입니다. 이건 좀 해도 너무한 것 아닙니까? 저도 같은 법조인으로서 참 죄송하고 부끄럽습니다.

우리 사회는 자꾸 탐·진·치를 강화시키는 쪽으로 가고 있습니다. 문화의 구조가 그렇게 생겨 먹었습니다. 어려서부터 "길동아, 성공해라. 입신양명해라. 가문을 일으켜 세워라"라는 소리를 귀에 못이 박히도록 듣고 자랍니다. 그러니 어찌 보면 누구 일개인의 잘잘못이 아닌지도 모릅니다.

이러한 '자아 집착'이 점점 심해지면 사람은 마침내 '자아 함몰'에 이르게 됩니다. 이것은 집착의 정도가 아니라 완전히 자아에 빠져서 헤어 나오지 못함을 말하는 겁니다. 이 단계에 이르면 자기가 자기를 어쩌지 못하게 됩니다. 우울증, 화병, 자살 충동, 살인 충동 등이 내 안에서 일어납니다. 그런 감정과 충동들이 거세게 일어나 나를 휩쓸어 갑니다. 이것이 '자아 함몰'입니다. 심리학적으로 말하자면 과도한 칠정의 동요입니다. 원래 우리 인간의 칠정은 폭탄과도 같은 것입니다. 다이너마이트만이 폭탄이 아니라 칠정은 그보다 더한 폭탄이 될 수도 있습니다. 굳이 허리에 두르거나, 가방 속에 넣고 다닐 필요도 없습니다. 항상 우리 뱃속에 들어 있습니다. 그런 면에서 우리 인간 모두는 잠재적 폭탄 소유자라 할 수 있습니다. 뇌관을 잘못 건드리기만 하면 언제든지 터질 수 있고, 터졌다하면 자기인생은 물론 남의 인생까지 망칩니다. 자아 함몰에서 벗어나지 못하면 인간은 언제라도 괴물이 될 수 있습니다. 자기를 물어뜯다가 안 되면 남을 물어뜯습니다. 그러므로 자아 함몰에 빠진 인간들이 많아지면 사회 자체도 매우 위험한 사회가 될 수밖에 없습니다.

첫째 자아형성, 둘째 자아집착, 셋째 자아 함몰 이 세 가지가 인간 영혼 하강의 3단계입니다. 이 하강을 겪으면서 인간의 영혼은 태초의 참 본성을 상실하고 점점 좁아들고, 좁아들어 마침내 자아 하나에 집착하게 되는 것입니다. 그리하여 사물의 참모습을 보지 못하고, 자기 보고 싶은 대로 봅니다. 정신지체아에게는 자아가 그대로 세계입니다. 이 아이에게는 자아를 떠난 객관적 세계라는 것이 존재하지 않습니다. 이 아이는 세상을 있는 그대로 못보고, 자기 보고 싶은 대로 봅니다. 그래서 다른 사람과 소통이 되지 않습니다. 이것이 자아 함몰의 극단적인 모습입니다.

자아 초월의 수행법

자아 함몰은 인간의 가장 슬픈 자화상입니다. 우리는 자아 함몰로부터 벗어나야 합니다. 우리 인간은 매순간 깨어 있는 의식을 가지고 자신이 자아 함몰의 덫에 걸리지 않았는지 주의 깊게 살펴야 합니다. 여기 자아 함몰로부터 벗어나는 길이 있습니다. 그것이 바로 '자아 초월'입니다. 자아 함몰의 어둡고 칙칙한 동굴로부터 환하고 밝은 대명천지로 자기 자신을 끌어올리는 것, 영혼의 하강이 멈추고 반대로 영혼의 상승이 일어나는 것, 이것이 자아 초월입니다. 자아 초월은 말이 아니라 수행입니다. 자아 초월은 오래된 동양의 전통입니다. 동양에는 자아 함몰로부터 스스로를 구원할 오래된 수행 전통이 존재해왔습니다. 이른바 자아 초월의 수행법들입니다.

그러나 서양에는 이러한 자아 초월의 수행법이 존재하지 않았습니다. 물론 서양철학자들도 자아 초월이 필요하다는 것은 알고 있었습니다. 특히 독일 철학자 니체(Nietzsche, 1844~1900년)의 경우가 그렇습니다. 그는 말했습니다. "인간은 짐승과 초인 사이에 가로놓인 하나의 밧줄이다. 인간은 초극되어야만 할 무엇이다." 그러나 이러한 니체의 요망과는 달리 서양 철학의 전통에는 자아 초월의 수행법이 통째로 결여되어 있습니다. 그들의 철학 안에는 자아 초월의 수행법이 들어갈 자리가 조금도 없습니다. 그들의 철학이란 다만 형이상학일 뿐이며 관념의 학(學)일 뿐입니다. 형이상학·관념의 학 이런 모든 것들은 말과 이론으로 이루어진 것들인데, 자아 초월의 수행법이란 바로 그 말과 이론과 관념과 생각 따위를 저만치 내려놓는 것에서부터 시작되는 것이기 때문입니다. 요컨대, 서양 철학의 형이상학이라는 것은 추상적인 관념의 학으로서, 실재와의 어떤 접촉도 없는 공허한 언어의 유희에 불과한 것입니다(이것을 간파했기 때문에 니체가 서양 철학의 형이상학에 대해 심하게 반발했던 것입니다). 이러한 언어 조작적 관념의 학을 가지고서는 자기초월의 수행을 행할 수 없습니다. 그래서 모든 자기초월의 수행법 제1장 제1절은 '관념을 내려놓으라'로 시작되는 것입니다. 왜냐하면 관념을 통해서는 결코 실재와 접촉할 수 없기 때문입니다.

이와 반대로 동양 철학의 창시자인 노자와 장자는 위대한 자아 초월의 수행법들을 세상에 제시했습니다. 치허극(致虛極), 심재, 좌망 등이 바로 그것입니다. 이런 것들이 시간이 흐르면서 다듬어져 명상이니 참선이니 등이 된 것입니다. 심재·좌망·명상·참선 이 모든 것들의 핵심은 한마디로 관념적 자기 독백을 멈추라는 것입니다. 요컨대 머릿속으로 소설을 쓰지 말라는 것이며 자기 자신을 내려놓고 사물의 참모습을 보라는 것입니다. 서양 철학자들은 무려 2천 년 동안 아무도 심재·좌망·명상 등을 발견하지 못했습니다. 세상에서 가장 머리 좋고 총명한 사람들이 철학자들인데, 그 사람들 모두가 하나의 예외도 없이 모두 다 저 자아 초월의 수행법들을 결(缺)하고 있다는 것은 매우 기이한 일입니다. 대체 왜 이런 일이 일어났을까요? 이 현상을 합리적으로 설명할 수 있는 방법은 단 하나뿐입니다. 그것은 동서양 철학이 서로 뿌리가 다르다는 것입니다. 뿌리가 다르기 때문에 물과 기름처럼 섞일 수 없는 것입니다.

자아 초월 수행법은 불과 같은 것이고 서양 철학은 눈과 같은 것입니다. 눈은 제 몸이 추워 불 가까이 가고 싶지만 아무리 애를 써

인문학으로 만나는 마음공부

도 가까이 갈수가 없습니다. 가까이 다가가면 제 몸이 녹아 없어지기 때문입니다. 형이상학은 언어일 뿐입니다. 언어는 실재가 어떻다고 가리키는 도구일 뿐이지 실재가 아닙니다. 언어는 달을 가리키는 손가락일 뿐이지 달이 아닙니다. 달이 떴는데, 왜 손가락을 보고 있습니까? 손가락에 집착하면 달을 볼 수 없습니다. 형이상학은 손가락이고 자아 초월은 달입니다. 심재·좌망은 결코 형이상학이 아닙니다. 반대로 심재·좌망은 모든 형이상학을 제거하는 것입니다. 이점을 명확히 이해해야 합니다. 심재·좌망을 일종의 동양적 형이상학으로 이해하는 사람들이 있는데, 이것은 사태의 핵심을 그르치는 것입니다. 이러면 동양 철학과 서양 철학 양쪽으로부터 욕을 먹습니다. 그 사람은 동양 철학과 서양 철학 그 어느 것도 제대로 이해하지 못하고 있는 것입니다. 노자는 부드럽고 유연한 사람으로 알려져 있지만, 이점에 대해서만은 태도가 분명했습니다. 노자는 모든 관념의 학(學)을 제거해야 도(道)에 이를 수 있다고 말했습니다.

> 학문(學)은 하루하루 더해가는 것이고
> 도(道)는 하루하루 덜어내는 것,
> 덜어내고 또 덜어내면 무위(無爲)에 도달하나니,
> 무위에 이르면 하지 못함이 없도다.
> 爲學日益 爲道日損　損之又損 以至於無爲　無爲而無不爲
>
> ─《도덕경》, 제48장

주객전도

순수의식은 시간과 공간을 초월한 절대의식이며, 온 우주에 가득 찬 우주 의식이며, 세상의 오고감에 구애되지 않는 초월적 의식입니다. 천지만물을 낳아 길러주는 우주의 어버이입니다. 한 번 낳았다고 해서 부모와 자식의 관계가 단절되는 것이 아닌 것처럼, 한 번 피조물로 태어났다고 해서 우주의 어버이와 우리의 관계가 단절되는 것이 아닙니다. 우주의 어버이는 저 멀리 우주 바깥에 계시는 것이 아닙니다. 여전히 당신의 피조물 속에 계십니다. 우주의 어버이는 당신의 피조물에게 초월적 의식의 한 조각을 다 나눠주셨습니다. 사람 중에 이것이 없는 사람은 없습니다. 우리 모두는 다 이것을 가지고 있습니다. 다만 그것을 모르고 있는 것입니다. 그래서 인류의 큰 스승들이 한번씩 나타나 사람들에게 '그것이 너 안에 있다'고 가르쳐주고 갑니다. 그것을 《불경》에서는 원광명청정체(元光明淸淨体)라 하였고, 《천부경》에서는 본본심 본태양(本本心 本太陽)이라 했습니다. 천도교에서는 이를 가리켜 인내천(人乃天, 사람이 즉 하늘이다)이라 하였고, 시천주(侍天主, 내 안에 계시는 하느님)라 하였습니다. 우리 인간의 내면에 들어 있는 초월적 의식의 한 조각, 이것을 불교에서는 불성(佛性, Buddha-consciousness)이라 부르고, 기독교 신비주의에서는 그리스도 의식(Christ-consciousness)이라 부릅니다.

그런데 누군가가 이것을 가립니다. 그것이 자아입니다. 자아는 참존재를 가리는 자입니다. 그래 놓고서는 자기가 주인 행세를 합니다. 그러므로 자아는 도둑입니다. 자아는 훔치는 자이고 축내는 자입니다. 내 인생에 아무 도움이 안 되는 자입니다. 이것이 자아의 정체입니다. 원래 우리가 자아라고 부르는 것은 사실 하나의 '관념 체계'에 불과한 것입니다. 그것은 실체가 아니며, 진짜가 아닙니다. 그 개념이 있어야 행위의 통일성, 인격의 통일성을 설명하기 쉬우니까 그냥 관념적으로 그 존재를 있는 것으로 가정해서 쓰고 있는 것 뿐입니다. 자아가 존재하지 않는다는 사실은 치매를 보면 알 수 있습니다. 치매는 원래 존재하지 않던 자아를 존재하는 것으로 생각 했다가 다시 존재하지 않게 되자 주변에서 겪게 되는 혼란입니다. 요컨대 자아란 고정불변의 실체가 아닙니다. 자아란 생각과 기억의 덩어리일 뿐입니다. 시간 속에서 누적된 생각과 기억의 총체, 이것을 우리가 편의상 '자아'라 부르는 것입니다. 비유하자면 자아라는 물건은 마치 양파와도 같습니다. 까도 까도 아무 실체가 없습니다. 겉껍질을 까면 또 껍질이 나오고, 또 까면 또 껍질이 나오고, 계속해서 껍질에 껍질이 나올 뿐 아무리 벗겨도 어떤 실체, 알갱이라고 할 만한 것이 없습니다. 그리하여 마지막까지 까 내려가면 종국에는 양파는 온데간데 없고 빈 허공만이 남습니다. 이것을《반야심경》에서는 '오온개공(五蘊皆空, 자아를 형성하고 있는 색·수·상·행·식 다섯 가지 요소가 모두 공하다)'이라 하였습니다. 한마디로 '자아는 가짜다'라는 선언입니다. 이것이 불경 중에서 가장 심오한 경전인《반야심경》의 핵심 골자입니다.

이렇듯 자아라는 것은 주인도 아니면서 남의 집에 들어와 있는 가짜이다 보니 매사에 자꾸 조바심을 내고 화를 냅니다. 가짜라는 게 들통 나면 안 되니까 그런 것이지요. 세상에서 자아가 제일 못하는 일이 가만히 있는 것입니다. 자아는 언제 어디서건 고요히 가만히 있지를 못하고 자꾸 부스럭댑니다. 자기는 이대 나온 여자고, 자식들은 다 성공해서 하나는 의사고 하나는 대학 교수고, 또 자기 집은 부자라서 타워팰리스에 살고, 한 달에 얼마를 벌고…… 누가 묻지도 않았는데 혼자 계속 중얼중얼 뭐라고 합니다. 이것이 자아가 하는 짓입니다. 자아란 이렇듯 내 안에서 떠드는 존재입니다. 자아는 한시도 침묵을 못합니다.

자아는 참 존재가 아니며 참 주인이 아닙니다. 그것은 객에 불과합니다. 그런데 사람들이 얘를 참 나로 착각하면서 얘한테 자꾸 힘을 실어주다 보니까 얘가 정말로 자기가 진짜 주인인줄 알고 주인 행세를 합니다. 참 주인은 저 안에 있는데 말입니다. 이것이 말 그대로 주객전도이며, 본말전도입니다. 우리는 이것을 바로 잡아야 합니다. 도둑이 내 집에 들어와서 내 재물을 축내고 내 보물을 훔쳐가고 있습니다. 요컨대, 자아의 정체는 도둑인 것입니다. 그러한즉슨 이 자를 따끔하게 혼을 내야 되지 않겠습니까?

판사는 판결을 하여 도둑을 세상에서 몰아내지만, 명상가는 명상을 하여 도둑을 집에서 쫓아냅니다. 명상이란 결국 집안에 든 도둑 쫓는 이야기입니다. 그러려면 주인이 깨어 있어야 합니다. 깨어서 맑은 정신으로 주시하고 있으면 됩니다. 그러면 도둑이 꼬리를 내리고 제 발로 나갑니다. 그런데 대부분의 주인들은 잠들어 있습니다. 코고는 소리가 온 천지에 진동합니다. 어찌 보면 주인과 도둑이 공

인문학으로 만나는 마음공부

범인지도 모릅니다.

　명상의 정반대가 최면입니다. 명상은 각성이고, 최면은 잠드는 것입니다. 최면은 처음에는 기분이 좋습니다. 그러나 유쾌로 시작했다가 불쾌로 끝나는 것이 최면입니다. 반대로 명상은 처음에는 어렵습니다. 불쾌한 것들이 드러나기 때문입니다. 반면 불쾌로 시작해서 유쾌로 끝나는 것은 명상입니다. 둘째, 최면은 자기합리화의 기술입니다. 최면은 세계와의 교류를 끊고 자기 속으로 매몰되는 것입니다. 최면은 자아의 말을 들어주고 자아를 강화시키는 것입니다. 최면은 결국 자폐의 세계로 가는 것입니다. 반면에 명상은 모든 자기합리화를 깨뜨립니다. 명상은 자기를 벗어나서 천지자연과 교류하는 것입니다. 명상은 점점 투명해져 나도 너도 없는 세계로 가는 것입니다. 셋째, 최면은 언어로 되어있습니다. 즉, 뇌가 하는 일입니다. 그러므로 그것은 결국 자아의 게임입니다. 반대로 명상은 언어를 내려놓아야 합니다. 즉, 명상은 뇌를 벗어나는 것입니다. 그래야 자아를 넘어설 수 있습니다. 최면의 나쁜 점은 언젠가는 깨게 돼 있다는 점입니다. 죽을 때까지 계속 최면 속에서 살 수 있다면 그나마 좋은데 말입니다.

일루젼(illusion, 환상)이 있습니다. 우리 인간은 일루젼 속에서 살아갑니다. 이것이 최면 상태입니다. 이 최면 상태가 죽을 때까지 쭉 이어지면 좋지만 그렇지 못합니다. 최면은 언젠가 깨지게 돼 있습니다. 일루젼, 즉 환상이 깨지는 것 그것이 무엇일가요? 그것이 '환멸'입니다. 어떤 환幻이 있었는데 그것이 소멸한 것滅, 환멸의 의미는 바로 이것입니다. 환이 멸할 때 우리는 환멸을 느끼는 겁니다. 영어와 한자가 묘하게 일치하고 있습니다.

반면 일루젼을 깨는 또 하나의 방식이 있습니다. 바로 깨우침입니다. 이것이 일루미네이션(illumination)입니다. 자기 내면을 환하게 하는 것입니다. 각성 속에서 사물의 참 모습을 보는 것입니다. 디스일루젼(disillusion)은 추락이고 하강이며, 일루미네이션(illumination)은 상승이고 정화입니다. 디스일루젼은 자아이고, 일루미네이션은 순수의식입니다. 우리가 갈 길은 일루미네이션이지 일루젼이 아닙니다.

인문학으로 만나는 마음공부

7강

피타고라스와
루트2

지금 여기

'지금 여기'는 참된 존재의 왕국입니다. 과거·미래는 기억이고 지식이지만 '지금 여기'는 순수한 자각입니다. 과거·미래는 집착과 회한, 불안과 초조이지만 '지금 여기'는 고요한 평화입니다. 과거·미래는 생각으로 한번 때 묻은 것이나 '지금 여기'는 영원히 맑고 투명한 것입니다. 과거·미래는 우리의 관념 속에만 존재하는 것이나 '지금 여기'는 살아 있는 실재입니다. 과거·미래는 불행한 사람들이 자주 찾는 곳이지만 '지금 여기'는 행복한 사람에게만 출입이 허용되는 곳입니다.

'지금 여기'의 자리는 생각과 지식으로 갈 수 없는 곳이며, 분별과 망상이 떠난 자리이며, 깊은 평화와 휴식이 숨 쉬는 자리이며, 사물의 참모습이 드러나는 자리이며, 진리와 생명이 머무는 자리입니다.

'지금 여기'의 자리는 자각하는 사람의 자리이고, 과거의 집착이나 미래의 헛된 계산으로 더럽혀지지 않는 곳이기에 항상 정결하고 순수한 존재의 왕국이며, 서방정토이며 하느님의 나라입니다. 이곳에 오면 모든 존재가 온전히 쉬며, 회복되며, 치유되고, 생명을 북돋을 수 있습니다.

'지금 여기'의 자리는 자아가 소멸한 자리이고, 시간이 침투하지 못하는 자리이며, 사물에 대한 왜곡과 투사가 일지 않는 자리이며, 만물이 스스로의 기쁨에 차 있는 자리이며, 참 나가 머무는 절대적 자리입니다. 천국에 대해 사람들은 많은 말을 하지만 천국은 어쩌면 장소가 아닌지도 모릅니다. 어쩌면 시간이 아닌지도 모릅니다.

인문학으로 만나는 마음공부

엄마 뱃속

우리가 세상에 태어나기 전에 10개월 정도 머물던 천국 같은 곳이 있습니다. 그곳이 바로 엄마 뱃속입니다. 그곳에서 우리는 정말로 손 하나 까딱 않고 평온하게 지냈습니다. 심지어 코가 있어도 코로 숨을 쉬지 않았고, 입이 있어도 입으로 음식을 먹지 않았습니다. 생존에 필요한 모든 것을 엄마가 탯줄을 통해 넣어주었기 때문입니다. 말하자면 우리는 열 달간 완전히 무위도식하며 날로 먹은 것입니다. 정말이지 천국도 이런 천국은 없을 것입니다. 아무리 천국에 가더라도 숨은 자기 코로 쉬어야 하고, 밥은 자기 입으로 먹어야 하지 않겠습니까?

그렇게 꿈같은 열 달이 지나고 바야흐로 탯줄을 자르는 순간이 왔습니다. 이때 무슨 일이 생기는 걸까요? 엄청난 충격이 태아에게 가해지겠지요. 엄마와 자신을 이어주던 파이프라인(pipeline)이 잘려 나갔으니 말입니다.

첫째, 숨이 끊깁니다. 둘째, 영양공급이 끊깁니다. 셋째, 갑자기 눈이 부셔서 뜰 수가 없습니다. 태아는 엄마 뱃속에서 밖으로 나온 순간 완전히 낯선 세계에 내던져지는 겁니다. 급격히 위험에 노출되는 것이지요. 여기서 제일 급한 게 무엇이겠습니까? 당연히 숨 쉬는 것입니다. 호흡, 이것을 태아는 이제껏 한 번도 해본 적이 없습니다. 그런데 갑자기 뭔가 싹뚝 잘려 나가나 싶더니 순간 산소 공급이 딱 중단되는 것입니다. 이때 아이가 얼마나 놀래고 답답하겠습니까? 그래서 아이는 있는 힘을 다해 "앙"하며 우는 것입니다. 이는 본능적으로 숨쉬기 위한 것입니다. "앙"하며 크고 길게 장출식(長出息, 길게 내쉬는 숨)을 내질러야 들숨을 많이 들이 쉴 수가 있습니다. 그래서 우는 소리가 우렁찬 아이들이 건강한 겁니다. 심장이나 폐에 문제가 있는 아이들은 울음소리가 우렁찰 수가 없습니다.

호흡이 해결되었으면 우선 급한 불은 끈 셈입니다. 그다음 영양공급도 일단 끊긴 상태이니 이 역시 불안요소입니다. 그리고 햇빛 때문에 눈을 뜰 수 없는 것 역시 불안요소입니다. 태아는 엄마 뱃속에서 눈을 한 번도 안 써먹어 봤습니다. 대신 귀는 열 달 내내 썼습니다. 태교인지 뭔지 엄마가 자꾸 음악 같은 걸 들려주었고, 자동차 경적 소리, 기차 소리, 개 짖는 소리 등등 많이 들어서 별로 낯설지 않습니다. 그런데 시각은 매우 낯섭니다. 한 번도 안 써먹은 걸 처음 가동시켜야 하기 때문이지요. 처음으로 눈을 떠서 본 세상은 생경하기 그지없을 것입니다. 일면식도 없는 사람과 물건들이 자기를 빙 둘러싸고 있으니 갓 태어난 아이는 얼마나 어리둥절하겠습니까? 어려서 다니던 학교만 전학을 가도 새로 바뀐 환경 때문에 아이들이 스트레스를 엄청 받는다는데, 갓 태어난 아이는 지구라는 행성으로 처음 전학을 온 아이와 같은 것인데 그 스트레스가 얼마나 크겠습니까? 그래서 영유아 때의 어린 시절에 대해 스위스의 유명한 아동심리학자 피아제(Piazet)는 이 시기에 어린아이가 '심각한 불행'을 경험한다고 말했습니다.

인문학으로 만나는 마음공부

공포반응과 자아

심각한 불행이든 천진난만한 미소든 어쨌든 갓난아이는 이 시기에 살아남기 위해 자신의 감지 능력을 극대화해야만 합니다. 갓난아이는 처음에는 뭐가 뭔지 모르니까 천방지축으로 행동할 수밖에 없습니다. 가령, 불을 만지고, 쇳조각을 먹고, 똥을 깔고 앉아 비비고, 베란다 끝으로 기어가는 등 이루 말할 수 없는 모험을 행합니다. 그러고 나면 누가 막 자기한테 소리를 지르고, 볼기짝을 때리고, 인상을 쓰면서 뭐라고 해댑니다. 이때 아마 갓난아이의 스트레스 지수는 엄청나게 상승할 겁니다. 그러면서 속으로 생각하는 거죠.

"아, 여기가 무서운 데구나!"

이런 과정을 겪으면서 아이에게는 점점 '공포반응'이 형성되게 됩니다. 만약 아이에게 뭔가 선천적 결함이 있어 공포반응 형성이 안 이루어지면 이 아이는 장차 생존을 보장받기 어려울 수도 있습니다. 다시 말해 '공포반응'이란 것은 생존을 위한 최초의 반응이자 본질적인 반응인 것입니다. 유기체의 모든 반응 체계는 공포로부터 시작됩니다. 왜냐하면 살아야 되기 때문입니다. 여기에는 어떤 예외도 있을 수 없습니다. 모든 존재가 다 마찬가지입니다.

이처럼 인간의 반응 체계의 중심 안에 공포가 자리하고 있는 것인데, 이점을 여실히 보여주는 것이 경락입니다. 앞서 이야기한바와 같이, 공포를 담당하는 방광경은 자그마치 67혈인데 반해 기쁨을 담당하는 심경은 9혈에 불과합니다. 공포반응 체계가 기쁨반응 체계보다 무려 7.5배나 더 발달해 있습니다. 이것이 우리 인간입니다. 공포반응 체계가 온 몸을 칭칭 감싸고 있는 것입니다. 한 생명체가 살아남을 가능성은 공포반응의 신속성과 비례합니다. 공포반응 센서가 많을수록 생존가능성이 높고, 공포반응 센서가 적을수록 생존 가능성은 낮아질 것입니다. 이 과정을 거치면서 이른바 '공포반응'이라고 하는 것이 존재의 중심에 자리 잡게 되는 것입니다.

이렇게 공포에 대한 감지능력이 예민해지다 보면 유기체는 스스로를 보호하기 위한 '방어벽'을 한 꺼풀 치지 않겠습니까? 그리고 처음엔 방어벽이 한 꺼풀이지만 자꾸 두 꺼풀, 세 꺼풀 반복적으로 치다 보면 이것이 점점 두꺼워지지 않겠습니까? 그러다 어느 순간 이것이 일종의 '결정화結晶化' 단계에 도달하지 않겠습니까? '결정화'된 이것이 무엇일까요? 이것이 바로 '자아'입니다. 인간 자아의 탄생은 이런 경로를 거치는 것입니다. 그러므로 자아의 본질은 공포입니다.

살려고 하는 맹목적 의지

이제 우리는 인간이 느끼고 보는 모든 것의 배후에 공포가 있다는 사실을 알았습니다. 이것은 어찌 보면 너무나 당연한 현상입니다. 하나의 생명체는 자기 존재를 위협하는 것에 대해 민감하게 반응하지 않으면 안됩니다. 요컨대 이 세상 모든 유기체는 살아야 하기 때문입니다. 이것을 독일 철학자 쇼펜하우어(Schopenhauer)는 '살려고 하는 맹목적 의지'라 불렀습니다. 그의 대표작《의지와 표상으로서의 세계(Das Welt als Wille und Vorstellung)》는 이러한 인식론적 기초를 바탕에 두고 쓴 책입니다. 즉, 인간은 사물을 있는 그대로 보아야 함에도 불구하고 그러지를 못하고 살려고 하는 맹목적인 의지 때문에 사물을 왜곡시켜서 본다는 것, 이것이 이 책의 핵심입니다. 다시 말하자면 우리 인간이 부지불식간에 보고 있는 이 세계는 '있는 그대로의 세계'가 아니라 이미 한번 마음속에서 편집된 세계, 즉 '의지와 표상으로서의 세계'라는 것입니다.

'세계를 있는 그대로 보지 못하고 생각으로 오염시켜서 본다'는 말을 독일식으로 하면 '의지와 표상으로서의 세계'가 되는 것인데, 그렇다면 이 말을 인도식으로 하면 어찌될까요? 그러면 '일체유심조一切唯心造'가 됩니다. 붓다가 《화엄경》에서 말했던 '일체유심조'란 말의 의미가 쇼펜하우어가 '의지와 표상으로서의 세계'라고 한 말과 완전히 똑같은 것입니다. 쇼펜하우어가 《화엄경》을 꿰뚫은 것이지요. '일체유심조'란 우리 중생들이 세상을 있는 그대로 보지 못하고 마음속으로 편집·조작해서 본다는 의미입니다. 즉, 진여眞如의 세계를 보아야 하는데 그러지를 못하고 세상을 주관적으로 왜곡시켜서 보는 상태, 이것이 바로 '일체유심조'의 상태입니다.

인도 쪽에는 '일체유심조'가 있고, 독일 쪽에는 '의지와 표상으로서의 세계'가 있다면 중국 쪽에는 무엇이 있을까요? 바로 노자의 '명가명비상명名可名非常名'이 있습니다.

노자가 중국 철학계에 '명가명비상명'이란 명제를 내놓았을 때 기본적으로 이 말의 의미는 우리 인간이 '세계를 있는 그대로 보지 못하고 생각으로 본다'는 뜻이었습니다. 우리가 사물을 왜곡시키는 최초의 방식, 그것이 바로 이름 짓기 즉 명(名, naming)입니다. 그렇기 때문에 모든 이름은 참다운 이름이 아니며, 모든 세계 해석은 하나의 해석일 뿐 세계의 참 모습이 아닙니다.

붓다의 '일체유심조', 쇼펜하우어의 '의지와 표상으로서의 세계' 그리고 노자의 '명가명비상명', 이 세 가지 철학적 명제는 일맥상통합니다. 이 셋은 같은 말입니다. 일체는 마음이며, 일체는 의지와 표상이며, 일체는 이름일 뿐입니다. 우리가 세계라고 부르는 저 사물은 실은 우리 마음의 조작과 편집이며, 살려고 하는 맹목적 의지이며, 잠시 동안 누군가 붙여놓은 이름일 뿐입니다. 그것은 결코 사물의 참모습, 즉 도가 아닙니다.

무한에 대한 공포

보통 사람들은 돈이 떨어지거나 주가가 하락하거나 집에 쌀이 떨어지거나 하면 공포를 느끼는데, 철학자란 사람들은 지나치게 민감한 나머지 자기하고는 아무 관계도 없는 '무한'에 대해 공포를 느낍니다. 가령, 밤하늘에 별이 빛나고 있습니다. 그러면 우리 통상인들은 인기 라디오 프로그램 '별이 빛나는 밤에'의 시그널 뮤직을 들을 때처럼 자연스럽게 낭만적이 됩니다. 그러나 우리가 밤하늘을 보고 이렇게 낭만적이 되는 것은 저 별이라는 천체들을 단지 조명이나 샹들리에 정도로 생각하기 때문입니다. 만약 우리가 밤하늘을 가득 메우고 있는 저 별들의 개수나 크기나 거리(지구로 부터의) 등을 생각한다면 그때는 낭만이 아니라 충격과 경악이 밀려올 것입니다.

인문학으로 만나는 마음공부

어린 시절 여름밤에 평상에 누워 별이 수놓은 멋진 밤하늘을 바라보다가 문득 저 무한한 우주 창공에 비하면 '나'라는 존재는 얼마나 미미한가라는 생각을 누구나 한두 번쯤은 해보았을 것입니다. 별 생각 없이 살다가 문득 우주라는 무한한 존재 앞에 서면 우리 자신의 유한한 본질이 날카롭게 대비되면서 갑작스레 어떤 철학적이고도 우주적인 상념이 뇌리를 스친다고나 할까요? 다만 우리는 이런 생각들을 그냥 한두 번 하고 마는데, 어떤 부류의 사람들은 이런 생각을 지속적으로 하는 경향이 있습니다. 바로 철학자들입니다.

프랑스의 철학자 파스칼(Pascal, 1623~1662년)은 《팡세》에서 이렇게 말했습니다.

"이 무한한 공간의 영원한 침묵이 나를 두렵게 한다."

그는 또 이런 말도 했습니다.

나는 나를 에워싸고 있는 우주의 무서운 공간을 본다. 그리고 내 자신이 이 광막한 우주의 한 귀퉁이에 연결되어 있음을 깨닫고 있지만, 왜 다른 곳이 아니고 여기에 놓여 있는지 모른다. (중략) 내가 도처에서 보는 것은 무한뿐이며, 이 무한은 나를 일개 미립자처럼 둘러싸고 있다. (중략) 나는 내가 어디서 왔는지를 모르는 것과 마찬가지로 내가 어디로 가는지를 모른다.

– 《팡세》, 내기의 필연성

병약하며 예민한 철학자 파스칼은 오래 살지 못하고 39세의 나이에 요절했습니다. 그의 말은 '무한'이 두렵다는 것입니다. 왜 무한이 두려울까요? 무한은 정체를 알 수 없기 때문입니다. 무한은 너무 커서 우리가 그것을 측량하기가 어렵습니다. 무한은 우리가 아무리 말을 걸어도 대꾸조차 하지 않습니다. 무한은 우리 유한한 존재들을 깔보고 우습게 여깁니다. 무한은 비교도 안 되는 우월한 지위에서 제멋대로 우리를 괴롭히고 무시합니다. 무한은 영원히 갑甲이고 우리는 을乙입니다. 그래서 무한을 그대로 두면 안됩니다. 그대로 두면 무한이 우리에게 갑질을 합니다. 그러므로 우리는 무한을 잘게 부숴야 합니다. 무한을 잘게 부순 것, 그것이 바로 학문입니다. 잘게 부수면 우리 마음대로 할 수 있습니다. 그러면 더는 두렵지 않습니다. 그때부터는 우리가 갑이 될 수 있습니다. 우리를 갑으로 만들어주는 것, 그것이 학문입니다. 그러니 학문이 얼마나 좋은 것입니까?

원래 무한이란 것은 무규정·무구분·무분별한 것입니다. 반면 학문이란 것은 규정이고 구분이며 분별입니다. 무언가 뚜렷해지는 것이지요. 그러므로 학문을 하면 주도권이 우리에게 넘어옵니다. 또 무한이란 미지未知이고 학문이란 기지既知입니다. 무언가 명확해지는 것이지요. 그러므로 학문을 하면 우리에게 힘과 권력이 생깁니다. 속수무책으로 무한에게 당하는 것이 아니고, 우리가 오히려 무한을 체포하고 결박해서 우리 방식대로 끌고 다닐 수가 있는 것입니다. 그렇기 때문에 우리는 그 골치 아픈 학문과 연구들을 머리 싸매

인문학으로 만나는 마음공부

고 하는 것이고 기어이 박사학위를 따려 하는 것이겠지요.

어떤 누군가가 가령 어느 한 분야에 매진하여 박사학위 열 개 정도를 소지한 사람이라고 칩시다. 이 사람은 당대 최고의 지식인이고 그 분야에 관한 한 타의 추종을 불허하는 사람으로서 그는 이미 '무한'을 수술대 위에 올려놓고 완벽히 해부를 마쳤기 때문에 무한의 일거수일투족까지 속속들이 꿰고 있어서 무한이 더는 이 사람 앞에서는 힘을 쓸 수가 없는 상태라고 합시다. 이런 사람이 고대 그리스에 있었습니다. 그 사람이 바로 피타고라스(Pythagoras)입니다. 피타고라스는 그리스 철학의 여명기에 활동했었는데, 그렇지 않아도 훌륭한 철학자였지만 특히 수학에 있어서 어느 누구도 감히 대적할 수 없을 만큼 뛰어난 역량을 보인 철학자였습니다.

다들 잘 아시는 바와 같이 이 피타고라스가 이른바 '피타고라스의 정리'를 발견한 인물입니다. 피타고라스의 정리는 직각삼각형에서 직각을 낀 두변의 길이를 제곱한 것의 합은 빗변의 길이의 제곱과 같다는 것입니다.

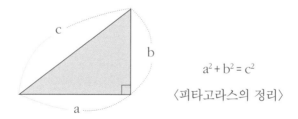

$$a^2 + b^2 = c^2$$
〈피타고라스의 정리〉

이것이 피타고라스의 정리입니다. 그리스 기하학 최대의 발견입니다. 끝도 갓도 없이 펼쳐진 무한한 우주공간에 에워싸여 그 광막함에 어안이 벙벙하여 입을 떡 벌리고 있던 우리 인간 존재가 드디어 무한을 구획하고 구분하고 분별해볼 수 있게 되었습니다. 이 도식 하나로 그동안 깜깜했던 이 우주의 성격과 구조를 드디어 우리가 알게 되었습니다. 미지의 세계가 드디어 우리에게 말을 걸어오기 시작했습니다. 이 얼마나 놀라운 발견입니까! 이 얼마나 장한 발견입니까!

이 발견을 하고서 피타고라스는 어찌나 흥분했는지 무려 황소 100마리를 올림푸스 신들에게 바쳤다고 합니다. 자신을 이 위대한 발견으로 이끌어준 신들에게 감사의 뜻으로 성대한 제사를 올린 것입니다. 피타고라스의 행동이 과해 보이시나요? 무슨 삼각형 하나에 황소 100마리라니! 아닙니다. 절대 과한 것이 아닙니다. 이 발견의 가치는 사실 황소 100마리 정도와는 비교도 안됩니다. 피타고라스의 이 발견으로 인해 우리 인간은 우주 공간의 기본 성격을 이해하게 된 것입니다. 이 법칙은 그리스만이 아니라 온 세상 어디에 가도 다 통용되는 보편 법칙입니다. 그러니 우리는 앞으로 어디를 가더라도 이 법칙 하나만 알면 절대 우주공간 앞에서 바보처럼 서 있지 않아도 됩니다.

우리 인간이 아무리 유한한 존재이고 우주가 아무리 무한한 존재라 하더라도 이 법칙 하나만 들고 가면 우리는 이제 앉아서 멍하니 우주에게 갑질 당하지 않고 반대로 우리가 우주에 대해 갑이 될 수 있습니다. 그러니 이 피타고라스의 정리라고 하는 것이 얼마나 중요한 것입니까! 피타고라스의 행동은 그러므로 절대 과한 것이 아니기에 우리가 좀 이해해줘야 합니다.

더구나 이 법칙은 군더더기가 하나도 없이 그야말로 심플(Simple) 그 자체였습니다. 어떤 도형이 놀라운 우주의 비밀을 드러냈는데, 더군다나 그 계산식이 심플하기까지 하다! 얼마나 멋있습니까! 뭐든지 심플한 것이 최고입니다. 또 고대 그리스인들은 취향이 높아서 특히 심플한 것에 대해 집착이 심했습니다. 그러다 보니 피타고라스의 인기는 온 그리스 전역을 휩쓸고, 그의 콧대는 하늘을 찌르고도 남았습니다.

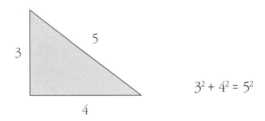

얼마나 깔끔하고 얼마나 정갈하며 얼마나 조화롭고 균형 잡혀 있습니까! 이것이 이 우주의 구조입니다. 천지자연의 도가 기하학을 통해 그 모습을 드러낸 것입니다. 정말 기가 막힌 일이 아닐 수 없습니다. 우리가 사는 이 우주가 이렇게 질서 잡혀 있고 조화롭습니다. 계산식을 보십시오. 3, 4, 5 가지런한 수 정수로 딱딱 떨어지지 않습니까? 3.1이니 4.1 혹은 5.1 같은 것은 얼씬도 못합니다. 2.9니 3.9니 혹은 4.9 같은 것도 마찬가지입니다. 그런 군더더기가 덕지덕지 붙은 것들은 명함도 못 내밉니다. 좌변이나 우변 어느 쪽에 0.00001 도 더 넣거나 뺄 것이 없습니다. 어떤 우수리도 없이 깨끗하게 딱 딱 떨어집니다. 얼마나 완벽합니까! 이것이 바로 우리가 살고 있는 이 우주의 성격입니다. 이 우주는 가지런한 정수로 이루어진 정결 한 우주이지, 무슨 우수리가 붙은 분수나 소수 따위로 이루어진 찌 질한 우주가 아닙니다. 이것이 바로 피타고라스가 수학을 통해서 발 견한 우리 우주의 모습입니다. 그래서 피타고라스는 이 우주를 처 음으로 '코스모스(Cosmos)'라 불렀던 것입니다. 코스모스란 카오스 (Chaos, 혼돈)와 대립하는 말입니다. 코스모스란 말을 수학적으로 이 해하자면 '이 우주는 정수로 이루어진 것이다'라는 뜻입니다. 그래 서 피타고라스는 '만물은 수이다'라고 말했던 것입니다. 물론 여기 서 수란 정수를 가리킵니다. 피타고라스에게 정수가 아닌 것은 무 언가 불길한 것입니다.

이렇게 잘나가던 피타고라스학파에 심각한 문제점이 발생했습니 다. 그 문제란 다름 아닌 $\sqrt{2}$(루트2)'의 출현입니다. 루트2 따위는 사 실 피타고라스 앞에는 등장해서는 안 될 숫자입니다. 온 세상이 피 타고라스의 발아래 엎드려 피타고라스의 정리를 신의 계시인양 떠 받들고 있을 때, 피타고라스의 수제자 히파소스(Hippasus)는 스승의 정리 안에서 이상한 것을 발견했습니다. 원래 피타고라스 정리의 유 용성은 직각삼각형에서 직각을 낀 두 변(a, b)의 길이만 안다면 빗 변(c)의 값을 언제든지 구할 수 있다는 것입니다. 이 원칙에 입각하

인문학으로 만나는 마음공부

여 히파소스는 다양한 길이를 가진 여러 가지의 직각 삼각형을 만들어 보다가 의심쩍은 점을 발견하게 되었습니다. 우연히 직각을 낀 두 변(a , b)의 길이가 각각 1인 삼각형을 그려보았더니 빗변(c)의 길이가 정수로 떨어지지 않는다는 놀라운 사실을 알게 된 것입니다. 정수가 아닐 뿐만 아니라 분수도 아니었습니다. 그것은 듣도 보도 못한 기이한 수 '루트2'였습니다.

루트2란 흔히 우리가 중 · 고등학교 때 1.414라고 외우고 다녔지만, 그것은 근사값에 불과한 것이고 실은 1.41421356237…로 한없이 계속되는 '끝이 떨어지지 않는 수'입니다. 수학에서는 이를 비순환 무한소수라고 부릅니다.

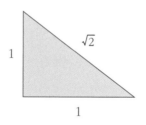

도대체 끝이 떨어지지 않는 수를 '수'라고 할 수 있을까요? 원래 '수數'라는 말의 의미는 뭔가를 한 개, 두 개 셀 수 있다는 것인데, 지금 이 '루트2'라는 것은 도무지 셀 수가 없습니다. 이것을 과연 수라고 할 수 있을까요? 히파소스는 자기가 발견한 루트2 때문에 깊은 고민에 빠졌습니다. 몇 날 며칠을 혼자 끙끙 앓다가 히파소스는 스승 피타고라스를 찾아가서, 그 앞에 '루트2'를 내놓았습니다. 피타고라스는 루트2를 보고는 깊은 충격에 빠졌습니다. 피타고라스의 세계는 오로지 정수에 의해 구성된 세계입니다. 정수가 아닌 것은 수가 아닙니다. 다만, 피타고라스가 양보한 것은 분수(분수란 분모와 분자가 모두 정수임)까지입니다.

즉, 피타고라스의 수리철학에서 수란 정수를 가리킵니다. 피타고라스에 의하면 우주 만물은 정수만으로 모두 계산할 수 있고 또 계산되어야 합니다. 우주 만물에 이것을 벗어난 것은 없습니다. 그러므로 정수 외에 다른 수라는 것은 필요치도 않고 상상할 수도 없습니다. 이것이 피타고라스가 피타고라스 정리를 만천하에 내놓을 때 제시했던 자기 철학의 근본이념입니다.

그런데 지금 루트2 때문에 피타고라스의 조화롭고 질서정연한 수학적 우주에 균열이 가기 시작했습니다. 피타고라스는 루트2를 보는 순간 강렬한 위기의식에 사로잡혔습니다. 루트2가 그동안 공들여 쌓아올린 자신의 철학체계 전부를 일거에 와해시킬 수 있다는 것을 그는 직감적으로 알아차렸습니다. 그는 루트2 앞에서 필생의 업이 수포로 돌아가고 있음을 느꼈습니다. 애시 당초 그는 한사람의 철학자로서 무한에 도전했습니다. 유한한 존재인 우리 인간에게 공포를 안겨다주는 무한, 피타고라스는 저 무한에 도전하여 그 미지의 세계를 수를 통해 기지화해놓았는데, '루트2'라는 것이 나타나 모든 것을 물거품으로 만들고 있습니다.

달리 말하면 피타고라스는 자신의 무기인 수를 가지고 무한에 도전하여 바야흐로 무규정, 무구분, 무분별한 무한을 잘게 쪼개는데 성공하여 그것을 규정, 구분, 분별 가능한 형태, 즉 1, 2, 3 ,4, 5라는 가지런한 정수체계로 붙들어 매놓은 것인데, 뜻하지 않게 '루트2'라는 것이 나타나 그의 학문 전체를 망치려하고 있습니다. 말하자면 루트2는 다 잡아놓았다고 생각했던 무한이 다시금 꿈틀거리며 살아나는 것과 같은 것입니다. 즉, 루트2는 다시 살아 돌아온 무한이라 할 수 있습니다. 왜냐하면 루트2는 종잡을 수 없이 사방팔방으로 뻗어나가기 때문입니다. 요컨대 루트2는 무규정, 무구분, 무분별하기 때문입니다. 따라서 피타고라스 입장에서 루트2는 목에 가시와도 같은 존재입니다. 그리하여 피타고라스는 가까운 자신의 측근들에게 시켜 히파소스를 배에 태워 바다로 데리고 나가 쥐도 새도 모르게 물에 빠뜨려 죽였습니다. 그리고 피타고라스는 제자들에게 루트2에 대해 이것은 '신이 실수로 만든 수'이며 따라서 이것을 절대 입 밖에 내서는 안 된다며 이 수를 '아로곤'(alogon, 말할 수 없음) 이라고 이름을 붙여 수의 세계에서 추방시켰습니다(루트2가 수의 세계에 편입된 것은 그로부터 한참 후에 플라톤의 제자인 에우독소스에 의해 이루어진 일입니다. 물론 무리수란 이름으로 말이죠).

이것이 기원전 6세기에 고대 그리스에서 벌어졌던 일입니다. 피타고라스는 루트2 때문에 자기 제자를 죽였습니다. 루트2가 애써 틀 잡아놓은 자신의 우주를 뒤흔들었기 때문입니다. 피타고라스는 자신의 코스모스를 지키기 위해 카오스를 유발시키는 루트2를 매장시켰던 것입니다. 피타고라스는 카오스를, 혼돈을, 무한을 견딜 수 없었습니다. 왜냐하면 파스칼의 말처럼 '무한한 공간의 영원한 침묵은 우리를 두렵게 하기 때문'입니다. 이걸 면하려면 무한을 제거해야 합니다. 여기에 피타고라스 수리신비학의 맹목성이 있습니다. 결국 피타고라스학파는 루트2 때문에 망한 것입니다.

무한을 그대로 두면 무한이 우리를 두렵게 합니다. 그러므로 우리는 무한을 잘게 쪼개야 합니다. 이렇게 무한을 잘게 쪼갠 것, 이것이 학學입니다. 잘게 쪼갰으니 이제 우리는 이것을 마음대로 주무를 수가 있습니다. 이것이 학의 효용인 동시에 한계입니다. 잘게 쪼개진 이것은 결코 자연의 참모습, 즉 무한이 아닙니다. 무한을 무한으로 받아들이는 것, 이것이 도道입니다. 무한을 유한으로 잘게 쪼개는 것, 이것이 학입니다. 학으로서는 도에 이를 수 없습니다. 파스칼은 도를 찾아다니다 못 찾고 절망해서 죽은 것이고, 피타고라스는 도가 너무 무서워 이를 학으로 대체했던 것입니다. 이것이 서양 수학이 지니고 있는 근원적 한계입니다. 서양 수학은 결코 우주의 절대적 진리에 도달할 수 없습니다. 우주는 수학이 생각하는 것처럼 그렇게 인간중심적인 것이 아닙니다. 이 우주는 피타고라스가 주장했던 것처럼 질서정연한 정수의 비로 딱딱 떨어질 수 있는 구조가 아닙니다. 그런 정수론적 우주는 진짜 우주가 아닙니다. 그것은 정적인 우주이며 죽은 우주입니다. 우주의 본질은 '변화'입니다. 이점을 착각하면 안됩니다. 이 우주는 인간의 언어와 논리를 초월해있는 존재입니다. 이 우주는 인간의 수식으로 다 포괄할 수 없습니다. 이 우주는 유한한 것이 아닙니다. 이 우주는 무한합니다.

8강

예수와
루트3

명상

명상은 따뜻하고 온화하며 포근하고 아늑합니다. 명상은 나와 우주의 다른 생명들을 연결시켜 주고, 나와 세상 사이의 벽을 허물어 줍니다. 명상 속에서는 나와 나 아닌 것이 그리 멀리 떨어져 있지 않습니다. 명상은 날카로운 것을 부드럽게 하고, 번쩍이는 것을 온화하게 하며, 막힌 곳을 통하게 하고 끊어진 곳을 연결시켜 줍니다.

명상은 동토凍土에서 홀로 떨고 있는 내 마음을 따스하게 녹여줍니다. 내 마음은 그 따스함 속에서 점점 녹아 형체가 없어져 갑니다. 그리하여 나와 남의 경계가 사라집니다. 나도 없고 남도 없는 듯합니다.

명상은 무아이며 황홀입니다. 명상은 은총이며 구원입니다. 명상은 그 안에 자아가 없습니다. 이것이 명상의 핵심입니다. 장자는 이것을 가리켜 '망기지인 입어천忘己之人 入於天'이라 하였습니다. 자아가 소멸된 사람만이 천당에 들어갈 수 있다는 뜻입니다. 얼마나 심오하고 놀라운 말입니까? 그런데 우리 주변에는 꼭 자기 자아만은 천당에 데려가야 된다는 사람들이 있습니다. 이런 사람들 때문에 종교가 욕을 먹고 세상이 혼탁해지는 것입니다.

명상은 그런 것이 아닙니다. 명상 속에서는 나와 나 아닌 것이 그리 멀리 떨어져 있지 않습니다. 명상 속에서는 모든 것이 경계를 잃고 녹아들어 하느님의 은총 속에서 하나가 되는 것입니다.

피타고라스 그 후

피타고라스학파는 루트2와 히파소스의 죽음이라는 복잡한 문제

인문학으로 만나는 마음공부

를 안고 있었지만, 이것이 밖으로 누설되지는 않았습니다. 우리가 이러한 문제들을 알게 된 것은 한참 후대의 기록을 통해서입니다. 피타고라스학파는 어찌됐건 당대에 가장 영향력 있는 교육기관이었고, 이 학파의 특징은 종교와 수학을 교묘하게 결합시켜 우주의 비밀을 숫자와 기하학의 형태로 표현해낸다는 점이었습니다. 우주의 중대한 비밀을 일반적인 언어가 아니라 숫자나 도형으로 표현해낸다는 피타고라스학파의 방법론은 고대인들의 마음을 사로잡았습니다. 그리하여 피타고라스 이후 고대 그리스에서는 철학자란 사람들은 거의 모두가 땅에다 막대기로 무언가 그림을 그리는 기하학자였습니다. 대표적인 인물이 플라톤이고 아르키메데스입니다. 플라톤은 기하학을 얼마나 사랑했던지 자기 아카데미 정문 위에다 "기하학을 모르는 자는 여기를 들어오지 말라"라고 써붙여 놓았고, 아르키메데스는 멍청한 로마 병사 녀석이 자기가 그린 도형을 군화발로 밟자 "내 원을 밟지 마라!"며 호통 쳤다가 창에 찔려 죽었다고 전해집니다. 요즘 젊은이들이 스마트폰을 들여다보는 것 못지않게 고대 그리스의 철학자들은 도형을 들여다보았다고나 할까요?

피타고라스에게, 그리고 고대 그리스인들에게 수학이란 단순히 숫자를 나열해놓고 그것들을 더하거나 빼고, 곱하거나 나누는 무미건조한 산수 문제가 아니라 수를 통해 우주의 본질을 이해하고 영혼을 정화시키는 일종의 철학 공부요, 마음공부였습니다. 여기서 피타고라스의 몇 가지 도형을 살펴보겠습니다.

피타고라스학파는 우주의 근원을 '모나드(Monad, 하나)'라고 불렀는데 이것을 숫자로는 1로 표시하고 도형으로는 원으로 표시했습니다. 모나드는 모든 만물의 시작과 끝이며 존재의 근원입니다.

모나드(일자)

모나드로부터 첫 번째 창조가 행해져 '디아드(Dyad, 둘)'가 출현합니다. 즉, 하나의 원이 두 개로 분열하는 것입니다. 여기에서 우주의 이원성이 나타납니다. 이 이원성을 통해서 우주만물이 생겨납니다. 그러므로 디아드는 모나드와 더불어 다른 모든 수들의 어버이라고 할 수 있습니다. 달리 말하면, 디아드는 일자一者와 다자多者 사이를 연결하는 통로이며 문이라 할 수 있습니다. 이 디아드의 모양은 하나의 원이 두 개의 원으로 분열될 때 그 두 원이 겹치는 물고기 모양을 하고 있습니다. 이것이 유명한 '베시카 피시스(Vesica piscis, 물고기 문양)'입니다. 이 문양이 나중에 기독교로 들어가 예수를 상징하는 데 쓰이는 바로 그 물고기 문양입니다.

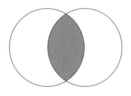

베시카 피시스

　　　　　　　　인문학으로 만나는 마음공부

모나드와 베시카 피시스가 결합되면 자연계의 여러 가지 기하학적 모양들이 창조됩니다. 그래서 베시카 피시스는 '카오스의 자궁'으로 불려왔습니다. 베시카 피시스라는 우주적 자궁으로부터 이제 '트리야드(Triad, 셋)'가 탄생합니다.

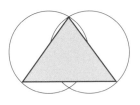

정삼각형의 탄생

정삼각형은 베시카 피시스의 문을 통해 출현한 최초의 기하학적 도형입니다. 트리야드는 만물의 시작과 중간과 끝을 만듭니다. 이것은 질료의 세계에 삼차원 형상을 줍니다. 또, 트리야드는 과거와 현재와 미래를 의미합니다. 그래서 예언의 힘을 지닌 것으로 여겨집니다.

그다음 베시카 피시스라는 문을 통해 출현하는 것이 '테트라드(Tetrad, 넷)'입니다. 테트라드는 완성을 의미합니다. 자연은 모두 넷으로 완성됩니다. 봄 · 여름 · 가을 · 겨울의 4계절, 지 · 수 · 화 · 풍의 4원소, 산술 · 음악 · 기하학 · 천문학의 4학문 등이 그렇습니다.

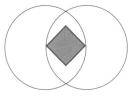

정사각형의 탄생

그다음 베시카 피시스의 문을 통해 출현하는 것이 '펜타드(Pentad, 다섯)'입니다. 펜타드, 즉 5의 원리는 2와 3, 짝수와 홀수, 남성과 여성이 결합하여 함께 나타납니다. 이것은 결혼·화해·화합을 상징합니다. 따라서 펜타드는 사랑의 여신인 아프로디테에게 바쳐집니다. 우주의 씨앗은 모나드이며, 디아드 단계에서 움직임을 획득하고, 펜타드 단계에서 생명을 얻고, 10인 '데카드(Decad)'로 마무리됩니다.

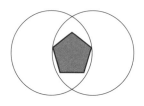

정오각형의 탄생

그다음 베시카 피시스를 통해 출현하는 것이 '헥사드(Hexad, 여섯)'입니다. 헥사드는 최초의 완전수입니다. 이 수는 자신의 인수因數들을 더하거나 곱해도 모두 자신이 되는 수입니다. 즉 1+2+3=6이며, 1×2×3=6입니다. 따라서 헥사드는 건강과 균형을 의미합니다. 피타고라스는 숫자 6을 매우 찬양 했으며, 6이라는 숫자는 우주를 조화롭게 한다고 말했습니다.

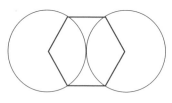

정육각형의 탄생

인문학으로 만나는 마음공부

이렇게 해서 피타고라스는 정칠각형, 정팔각형, 정구각형, 정십각형까지 작도해냅니다. 두 개의 원을 겹쳐 그려서 그 안에서 베시카 피시스가 출현하고, 그 베시카 피시스를 통해서 천지 만물이 창조되는 것을 상징적으로 보여주는 것입니다. 그러므로 1인 모나드에서 10인 데카드까지의 각 도형의 탄생은 실은 피타고라스학파의 천지창조인 것입니다. 그리고 그 중심에는 항상 물고기 문양, 즉 베시카 피시스가 있습니다.

예수와 루트3(√3)

피타고라스로부터 예수까지는 약 600여 년의 세월의 격차가 있습니다. 그 사이 많고 많은 변화가 있었지만 유럽 세계의 경우 크게 보면 변화는 딱 한 가지입니다. 그것은 정신의 중심이 플라톤에서 예수로 이동했다는 점입니다. 그런데 그냥 이동한 것은 아닙니다. 많은 것이 따라갑니다. 분명히 공식적·공개적으로는 변했는데 비공식적·암묵적으로는 많은 것이 그대로 잔존해 있습니다. 그리고 패배한 집단만이 과거의 것을 고집하는 것이 아니라, 승리한 집단도 필요하면 과거의 것을 마치 자기들것인양 가져다 쓰기도 합니다. 요컨대 문화 교류라는 것은 정치 변동과는 다른 겁니다. 정치 무대에서는 충돌이 있고 난 다음 적들을 깨끗이 처리해야 하지만, 문화 속에서는 쓸 만한 것들을 골라서 잘 갖다 써야 합니다. 그래야 신−구 세대 간의 갈등이 줄어들고, 문명의 연속성이 유지됩니다.

고대 그리스 세계에서 신과 같은 존재로 추앙받던 피타고라스와 그의 수리철학은 거의 대부분이 플라톤에게 흡수되었다가 나중에 기독교 세계로 넘어가게 되었습니다. 피타고라스 – 플라톤적 세계의 핵심은 수학과 형이상학의 결합입니다. 이 두 인물은 공히 도형 그리기를 좋아했습니다. 그리고 그리스 도형의 핵심에는 저 '베시카 피시스' 즉 물고기 문양이 있습니다. 베시카 피시스는 피타고라스 철학에서 천지만물이 그로부터 생성되어 나오는 만물의 어머니와 같은 존재입니다. 그 문양은 고대세계에서 그리스만이 아니라 인도, 메소포타미아, 아시아, 아프리카까지 광범위하게 퍼져 있었습니다. 이 베시카 피시스가 후일 기독교 문화권으로 들어가게 되고 거기에서 오늘날 우리도 많이 보게 되는 예수를 상징하는 물고기 문양으로 쓰이게 된 것입니다.

고대세계의 점성술에 의하면 약 2,000년을 주기로 한 번씩 변하는 것을 대년大年이라고 부르는데, 이 대년에 변동이 와서 대략 기원전 150년경 즈음에 양좌시대가 끝나고 물고기좌 시대로 접어들게 되었다고 봅니다. 그리고 얼마 있다가 물고기좌 시대의 구세주 그리스도가 탄생한 것입니다. 그러므로 예수는 "물고기 중에서 가장 큰 물고기이고, 기독교는 새로운 물고기좌 시대의 새 종교"인 것입니다. 교부 테르툴리아누스(Tertullianus)는 이렇게 말했습니다.

　　　　　　　　　　인문학으로 만나는 마음공부

우리 그리스도교인들은, 물에서 태어난 우리의 위대한 물고기인 예수 그리스도를 본받는 작은 물고기들이다.

어찌 보면 예수는 양좌시대에 자신의 몸을 희생함으로써 그 시대를 마감시키고 새로운 물고기좌 시대를 연 것이라고 할 수 있습니다. 말하자면 예수는 말 그대로 "최후의 희생양이자 최초의 희생 물고기"라 할 수 있습니다. 재밌는 사실은 기독교《성경》에는 물고기에 관한 이야기가 많이 나온다는 것이고, 어떤 대목에서는 그것이 매우 심오한 느낌을 풍긴다는 사실입니다.

예수께서 "무얼 좀 잡았느냐?" 하고 물으시자 그들은 "아무것도 못 잡았습니다."라고 대답하였다. "그물을 배 오른편에 던져 보아라. 그러면 잡힐 것이다." 하시니 그대로 던졌더니 고기가 많아 그물을 들 수 없었다. 예수의 사랑하는 한 제자가 베드로에게 "저 분은 주님 이십니다."라고 말하였다. 주님이라는 말을 듣자 옷을 벗고 있던 시몬 베드로는 겉옷을 두른 후에 물속에 뛰어들었다. 다른 제자들은 육지에서 거리가 백 미터에 불과하므로 작은 배를 타고 고기든 그물을 끌고 와서 육지에 올라보니 숯불이 있는데 그 위에 생선이 놓였고 빵도 있었다. 예수께서 "방금 잡은 고기를 좀 가져오너라."하시자 시몬 베드로가 올라가서 그물을 육지에 끌어올리니 그물 속에는 백쉰세 마리나 되는 큰 고기가 가득 들어 있었다.

－《요한복음》 21장

여기서 재밌는 사실은 물고기의 마릿수가 정확하게 153마리라는 점입니다. 153마리라! 대체 누가 이걸 세어 보았을까요? 대체 이 숫자는 어디서 나온 것일까요? 그냥 생각나는 대로 153마리라고 한 걸까요? 아마 복음서 저자가 무책임하게 그런 식으로 써놓지는 않았을 겁니다. 여기서 눈여겨 볼 점은 3세기경 활약했던 철학자 포르피리오스(Porphyrios)가 남긴 피타고라스에 관한 기록 중에 이와 유사한 내용이 나온다는 사실입니다.

일군의 어부들이 고기로 가득 찬 그물을 깊은 곳에서 끌어올리고 있었을 때, 피타고라스가 어부들이 잡은 물고기의 정확한 숫자를 예견했다. 그 어부들이 말하기를 피타고라스의 짐작이 정확하다면 어부들은 그가 요구하는 것을 무엇이든지 하겠다고 하였다. 어부들이 물고기의 수를 정확하게 세었고, 그 숫자가 맞는다는 것을 알게 되자, 그는 어부들에게 물고기들을 산채로 바다로 돌려보내라고 명하였다. 그리도 더욱 경이로운 것은 물고기들이 상당한 시간 동안 물 밖에 있었는데도 한 마리도 죽지 않았다는 것이다.

– 《예수는 신화다》, 티모시 프리크 외, 미지북스 405쪽

두 일화가 펼쳐 보이는 상황이 매우 유사함을 알 수 있습니다. 그러나 피타고라스 일화에는 중요한 것이 한 가지 빠졌습니다. 즉, 물고기의 마릿수가 없다는 점입니다. 분명히 물고기의 숫자를 정확하게 셌다고 되어있는데, 몇 마리인지는 언급이 없습니다. 그렇다면 우

　인문학으로 만나는 마음공부

리는 저 153이라는 숫자를 어디 가서 찾아야 할까요? 여기서 우리에게 뜻밖의 도움을 주는 사람은 기원전 3세기의 아르키메데스입니다. 아르키메데스의 저작 중에《원의 측정에 대해서》라는 것이 있습니다. 그 저작물에 보면 문제의 153이란 숫자가 등장합니다. 즉, 아르키메데스를 통해 최소 예수로부터 300여 년 전에 이미 153이란 숫자가 헬레니즘 세계에서 통용되고 있었음을 확인할 수 있습니다. 아래에서는 조금 다른 버전을 소개해보겠습니다.

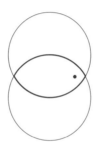

이것이 피타고라스가 애당초 선보였던 베시카 피시스입니다(다만 그림을 수평에서 수직으로 바꾼 것입니다). 이에 대해 티모시 프리크는 이렇게 말합니다.

영혼과 물질을 상징하는 두 개의 원이 신성한 결혼으로 결합된다. 각 원주가 다른 원의 중심과 만날 때, 서로 겹치는 부분에서 베시카 피시스로 알려진 물고기 모양이 만들어진다. 이 모양의 높이와 길이의 비율은 153 : 265다.

이 비율이 바로 기원전 3세기에 아르키메데스가 '물고기의 척도'라고 부른 것이다. 이것은 강력한 수학도구로, 3의 제곱근에 가장 가까운 정수의 비율이다.

－《예수는 신화다》, 티모시 프리크 외, 67쪽

문제는 153이 혼자 나타나는 것이 아니고 265와 같이 나타난다는 점입니다. 153 : 265는 무엇이며, 또 루트3은 무슨 소리일까요? 티모시 프리크의 말을 그림으로 표시하면 다음과 같습니다.

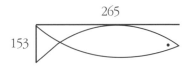

그러니까 153이라는 것은 베시카 피시스의 꼬리지느러미의 길이이고, 265는 몸통의 길이이며 이 전체는 직각삼각형을 의미하는 것인데, 전승과 설화에서는 나머지는 사라지고 153만 남아 돌아다녔던 겁니다. 아마 이 설화가 생생히 살아 있던 헬레니즘 시대에는 단지 누가 '153'이라고만 말해도 그것이 베시카 피시스를 가리키는 것이라는 것을 모두 알아들었기 때문에 사도 요한은 그렇게 썼는지 모르겠지만, 오늘날의 우리는 이런 기나긴 추론의 과정이 없이는 저 153이 무슨 뜻인지 알 수가 없습니다.

그러나 진짜 문제는 그다음입니다. $\frac{265}{153} ≒ 1.732$입니다. 루트3도 약 1.732입니다(정확히는 1.73205080756…으로 무한히 나아갑니다). 그러니까 루트3에 가장 가까운 정수의 비율이 153 : 265라는 티모시

인문학으로 만나는 마음공부

프리크의 말은 맞는 말입니다. 그런데 문제는 왜 여기서 '루트3'이 등장하느냐 하는 것입니다. 앞서 우리는 피타고라스학파가 '루트2' 때문에 망했다는 이야기를 했습니다. 플라톤에 따르면 루트2가 무리수라고 밝혀진 이후에 테오도로스란 수학자가 루트3, 루트5, 루트6, 루트7, 루트8 등도 무리수라는 것을 밝혔다고 합니다. 이런 무리수의 존재에 관한 거듭된 발견은 점점 더 피타고라스학파를 궁지로 몰고 갔을 것입니다. '만물은 정수다'라는 피타고라스학파의 철학에 무리수란 치명적인 타격일 수밖에 없으니까요.(여기서 우리는 유리수와 무리수 사이의 치열한 대립을 보게 되는데, 일이 이쯤 되면 수數라는 것이 순수하게 객관적인 것이 아니라 이미 그 안에 인간의 가치판단이 들어 있다는 점을 알 수 있습니다.)

피타고라스학파는 우주의 질서는 어떤 유리수로 표시될 수 있다는 강한 신념을 지니고 있었는데, 무리수의 발견은 그러한 그들의 신념 체계를 통째로 뒤흔들었습니다. 점점 많은 무리수들이 발견되면서 당시 그리스 수학 전반에 커다란 위기가 닥쳐왔던 것이며, 피타고라스 등을 중심으로 무리수의 발견을 비밀에 부치고 있었는데 그만 경솔하게도 제자 히파소스가 비밀을 폭로하는 바람에 바다에 빠트려 죽이는 일까지 발생했던 것입니다.

피타고라스와 피타고라스학파 그리고 넓게는 피타고라스적 우주 질서를 선호하는 고대 그리스 세계의 철학자 군群들은 루트2와 히파소스의 죽음과 같은 불상사가 재현되지 않기를 기원했을 것이고,

계속 발견돼 나오는 무리수와의 사이에 무언가 해결책을 강구하지 않을 수 없었을 것입니다. 루트2에서는 실패했으니, 최소한 루트3에서만큼은 타개책을 찾아야겠지요. 그리고 여기서 타개책이란 무리수 속에서 가장 가까운 정수의 비율을 찾아내는 일입니다. 그러면 무리수도 일종의 유리수로 취급할 수 있는 근거를 확보한 셈이기 때문입니다. 아마도 아르키메데스의 저작에 나타나는 '153'이란 숫자는 바로 이러한 노력을 보여주는 여러 증거들 중 하나가 아닐까요? 아르키메데스는 위 저작에서 다음과 같이 쓰고 있습니다.

OA : AC ($\sqrt{3}$: 1) > 265 : 153

OC : CA (2 : 1) = 306 : 153

좌변을 도형으로 표시해보자면 아래와 같습니다.

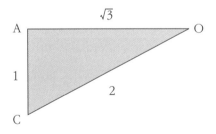

그리고 이 도형을 정수의 비율로 바꾸어 다시 표시하면 다음과 같습니다.

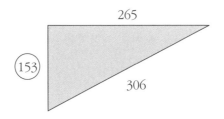

《성경》에 등장하는 물고기 숫자 153은 바로 이것입니다. 정수를 신봉했던 피타고라스학파 사람들은 루트3을 어떻게든 정수의 비율로 표시해보려 애를 썼습니다. 그들은 1에서 152까지 다 대입해 보았지만 루트3을 정수비율로 나타내는데 실패한 것이며, 153에 이르러서야 드디어 성공했던 것 입니다. 이것이 바로 저 도형의 의미입니다. 그러니 153이란 숫자가 피타고라스학파에게 얼마나 소중하고 고마운 숫자였겠습니까? 요컨대 153이란 숫자는 심각한 위기에 직면해 있던 피타고라스학파를 구원해준 신성한 숫자가 아닐 수 없습니다. 그래서 153이란 숫자는 특별한 의미를 부여받아 그 후 헬레니즘 시대까지를 관통했던 것이고, 그 여파로 헬레니즘의 기운이 왕성했던 소아시아(지금의 터키)의 에페수스(Ephesus)에서 태어났던 《요한복음》의 저자 사도요한이 자연스럽게 숫자 153에 관한 이야기를 할 수 있었던 것입니다. 물론, 이것은 저의 개인적인 추론입니다. 얼마든지 다른 의견이 있을 수 있습니다. 그러나 명확한 것 한 가지는 153이라는 숫자가 결코 《성경》에 우연히 등장할 수 없다는 사실입니다. 혹여 이점에 관하여 어떤 신부님이나 목사님이 토론에 초대하시면 기꺼이 응할 용의가 있습니다.

붓다와 0

동양 철학의 우주론을 보여주는 간단한 글자 몇 개가 있습니다. 아마 어디서 한두 번은 보셨을 겁니다.

무극無極 - 태극太極 - 음양陰陽 - 오행五行 - 만물萬物

그저 평범한 글자 몇 개가 나열된 것으로 보이지만, 실은 이 안에는 말로 다할 수 없는 어마어마한 통찰과 사유가 함축되어 있습니다. 동양 철학의 전모가 이 안에 다 담겨 있습니다. 이 우주 안에 저 도식을 벗어날 수 있는 것은 아무것도 없습니다. 글자 열 개 안에 천지창조와 천지괴멸이 모두 들어 있습니다. 태초에 기氣가 있었습니다. 이 우주는 에너지(氣)에서 시작된 것입니다. 우주 전체는 에너지의 자기전개요, 자기분화입니다. 에너지가 형形을 갖춘 것 그것이 만물萬物이며, 에너지가 형을 갖추기 이전 그것이 무극·태극이며, 무극과 만물 사이를 부단히 왕래하는 것 그것이 음양·오행입니다.

피타고라스는 이 중에서 '만물'에 집중했던 사람입니다. 그는 만물을 기하학적 도형으로 그려보기도 하고 숫자로 표시해보기도 하면서 만물 속에 깃든 조화와 균형, 질서와 통일성을 찾아내려 했던 것입니다. 말하자면 수학을 통해 우주의 도를 깨치려 했던 것이지요. 그러나 그는 보이는 것에 집착한 나머지 큰 도에 이르지 못하고 말았습니다.

이에 반해 붓다는 '무극·태극'에 집중했던 사람입니다. 그의 관심은 눈앞의 현상계가 아니라 보이지 않는 본체계를 향해 있습니다. 그의 시선은 가시계 아래 있는 변화하는 사물들이 아니라 가시계 저 너머에 있는 영원한 존재를 지향합니다. 그는 우리 중생들이 자기 자아에 사로잡혀 자신의 참 본질을 보지 못하는 것이 모든 불행의 근원이라고 가르쳤으며 하루 빨리 깊은 자아의 미망에서 깨어나도록 여러 가르침을 펼쳤습니다. 많은 그의 가르침 중 가장 충격적인 것은 '공空'의 철학이었습니다. 그는 말했습니다. "만물은 영원하지 않다. 만물은 언젠가는 해체될 수밖에 없다. 해체된 물질은 거대한 에너지로 돌아갈 것이며, 결국 절대적 공(空)으로 돌아갈 것이다. 그리고 우주의 시간 안에서 원인과 조건이 무르익으면 공에서 다시 만물이 현현할 것이다." 이것이 바로 '색즉시공'입니다.

색(色, 형체)은 생멸 변화하는 것이요, 공(空, 의식)은 영원불멸하는 것입니다. 우리는 형에 사로잡혀 형의 배후에 있는 우주의 참된 실재를 보지 못합니다. 평생을 형에 갇혀 형을 쫓다 형 속에서 죽습니다. 붓다는 이런 1차원적 삶에서 벗어나라고 우리 중생들을 독려하며 '색즉시공'의 복음을 온 천하에 선포하였던 것입니다. 여기서 단적으로 공은 신神이니 영靈이니 천天이니 하는 이름으로도 그 광대한 본질을 다 드러낼 수 없는 '무한(無限, The Infinite)' 그 자체를 가리키는 것입니다. 그것은 너무도 크고 광대하기 때문에 모든 언어적 규정을 멀리합니다. 그래서 공이라 하는 것입니다. 이것은 그러므로 고대 동양 철학자들이 피력했던 '무극無極'과 같은 것입니다. 이것을 규정할 용어는 없습니다. 그래서 규정을 하지 말라고 현자들이 이것을 공이니 무니 하는 것입니다.

이제 우리는 붓다의 공에 대해서 그 성격을 약간 파악하게 되었습니다. 그렇다면 그것은 그 정도 해두고, 여기서 발상의 전환을 한번 해 보겠습니다. 붓다의 저 크고 광대한 공, 도저히 우리가 어떻게 규정하거나 제한하거나 분해해 볼 수도 없는 저 거대한 공을 만약 누군가가 대범하게 수학의 세계로 끌어들인다면 어떻게 될까요? 수학이란 명료함과 확실성을 추구하는 세계인데, 그 세계에 무제한·무규정의 거대한 카오스와도 같은 공이 들어가면 자칫 수학이라는 학문 자체가 파괴되지 않을까요? 우선 이 문제에 관하여 피타고라스의 의견을 물어본다면 그는 찬성할까요, 반대할까요? 당연히 반대하겠지요. 루트2에 대해서도 그렇게 격렬하게 반대했는데, 보다 수천 배·수만 배 위험한 공을 피타고라스가 어떻게 받아들이겠습니까?

그러나 이것을 수학의 세계에 받아들인 사람이 있습니다. 그의 이름은 브라마굽타(Brahmagupta)입니다. 붓다로부터 약 1,000년 후인 6세기경 활동했던 인도의 승려이며 수학자입니다. 이것이 수학의 역사상 가장 위대한 발견으로 꼽히는 이른바 '0의 발견'입니다. 0의 발견은, 지금의 우리로서는 너무 당연하니까 잊고 살지만 그것은 실로 문명의 패러다임을 바꾸는 어마어마한 대발견이었습니다. 만약 현재 수학에 0이 없다고 생각해 보십시오. 그러면 현대 수학 자체가 성립할 수 없습니다. 가령 100이나 1,000을 0 없이 어떻게 쓸 것이며, 15와 105를 0 없이 어떻게 구별할 것이며, 그 많은 복잡한 방정식들을 0 없이 어떻게 풀 것입니까? 0이 없으면 현재의 수학 시스템이 붕괴하고, 수학이 붕괴하면 물리·화학·생물학도 붕괴할 것이고, 은행·금융권도 마비될 것이며, 지하철·항공기 등도 운행이 마비될 것입니다. 요컨대 0이 없으면 현대 문명은 유지될 수가 없을 것입니다.

수학의 천재들인 피타고라스, 유클리드, 아르키메데스, 에우독소스 등은 죄다 그리스 사람들인데, 그리스에서 이 중대한 0이 발견되지 않은 이유는 뭘까요? 대체로 학자들은 그 이유를 그리스 수학의 구체성 때문이라고 답하고 있으나, 그것은 너무 피상적인 답변입니다. 위에서 검토한 것처럼 그리스 수학 세계와 0은 본질적으로 대립·상충되는 성질을 지닌 것입니다. 즉, 0은 그리스에서 우연히 발견되지 못한 것이 아니라 필연적으로 발견될 수 없었던 것입니다.

수학에서의 0의 출현은 종교·철학의 영역에서 이미 공·무의 개념이 천 년 가까이 숙성된 후에 이루어진 일입니다. 0은 모든 숫자 중에서 가장 추상적인 숫자입니다. 1부터 9까지는 그 존재가 뚜렷합니다. 그러나 0은 그것이 무엇인지 정확히 알 수 없습니다. 뭔가 유용하긴 한데 들여다볼수록 심연입니다. 0은 모든 것을 삼켜버립니다. 0과 부딪치면 모든 것을 0속으로 딸려 들어가 소멸하고 맙니다. $0 \times 100 = 0$이며, $0 \times 1,000,000 = 0$이며, $0 \times 100,000,000,000 = 0$입니다. 0에게 걸리면 뼈도 못 추립니다. 0은 이 우주에서 가장 무서운 수입니다.

우주에 두 개의 무한대가 있습니다. 보이는 무한대가 있고 보이지 않는 무한대가 있습니다. 보이는 무한대를 '∞'이라 부르고, 보이지 않는 무한대를 '0' 이라 부릅니다. 항하사 모래알처럼 많은 것 그런 것이 ∞이고, 밤하늘의 별처럼 많은 것 그런 것이 ∞입니다. 그것들은 형을 가진 것들입니다. 형을 가졌으되 개수가 너무 많아 셀 수가 없어서 ∞입니다. 허나, 그것들은 이미 피조물이며 소산적 자연입니다. 반면 0은 보이지 않는 무한대입니다. 이것은 형 이전의 것입니다. 형이 없으니 육안으로 포착이 안 돼 없는 것처럼 보이므로 0입니다. 그러나 없는 것이 결코 아닙니다. 다만, 안 보일 뿐입니다. 이것은 피조물이 아니라 창조주이며 능산적 자연입니다. ∞는 현상계를 가리키는 것이며 0은 본체계를 가리키는 것입니다. 다시 맨 앞의 도표를 볼까요?

무극 - 태극 - 음양 - 오행 - 만물

만물의 총체가 ∞입니다. 보이는 우주의 전체 모습 그것이 ∞입니다. 반면 무극이 0입니다. 보이지 않는 우주의 숨겨진 창조력 그것이 0입니다. 그러므로 위의 도식은 아래처럼 바꿔 쓸 수 있습니다.

0 (무) → ∞ (삼라만상)

0은 만물의 어버이입니다. 만물은 0에서 나와 ∞를 거쳐 다시금

인문학으로 만나는 마음공부

0으로 돌아갑니다. 우리 인생도 마찬가지입니다. 모든 존재도 마찬가지입니다. 이것이 바로 무에서 나와 무로 돌아가는 존재의 영원회귀이며, 생명의 무한순환입니다. 붓다는 이것을 '색즉시공 공즉시색'이라 하였습니다.

공(空) → 색(色)

천지만물이 모두 공에서 나옵니다. 이 말은, 천지만물이 모두 절대자 하느님에서 나온다는 뜻입니다. 색이 공과 다르지 않습니다. 우리의 본질이 하느님의 본질과 하나입니다. 천지만물의 본래 면목은 공(空)입니다. 공은 영원히 살아 움직이는 창조의 힘입니다. 모든 존재는 공으로부터 현현된 것입니다. 나의 본래 면목이 나의 태어남 이전에 있었듯이, 우주의 본래 면목은 빅뱅(big bang) 이전에 있었습니다. 그것이 바로 절대적 공입니다. 과학자들은 빅뱅으로 인해 온 우주가 탄생했다고 합니다. 빅뱅 이전에는 우주에 아무것도 없었습니다. 창조된 온 우주, 그것이 공(空)에서 온 것입니다. 이것이 바로 '색즉시공'입니다.

수학에서 통용되는 다음과 같은 두 개의 식이 있습니다.

$$0 + \infty = \infty$$
$$0 \times \infty = 0$$

전자를 보면 마치 ∞가 더 힘이 센 것처럼 보입니다. 0은 어떤 존재감도 없어 보입니다. 그러나 이것은 우리가 육안의 한계 때문에 0을 보지 못해서 그런 것입니다. 공(0)에서 삼라만상(∞)이 나와 눈앞에 펼쳐져 있지만, 우리는 0을 못 보고 ∞만 보고 있습니다. 이 사람의 눈에는 '색즉시색色即是色'일 뿐입니다. 존재의 참 모습을 못 본 상태입니다. 이 사람은 우주에서 아직 공을 알현하지 못한 사람입니다. 다시 말해 이 사람은 하루 종일 하느님 옆에 앉아 있었는데, 하느님을 못 본 사람입니다. 자기 자신만 보고 있습니다.

그러나 0의 진정한 힘은 후자에서 드러납니다. 보십시오. 0과 마주치더니 ∞가 사라져버렸지 않습니까? 결국 0이 더 힘이 센 것입니다. 생각해보면 너무나 당연하지 않습니까? 어떻게 피조물이 창조주를 이기겠습니까? 이것이 바로 $0 \times \infty = 0$입니다. 공(0)이 삼라만상(∞)을 건드려 공(0) 임을 깨우쳐 주는 것입니다. 다시 말하면 삼라만상(∞)이 자기 자신은 오픈하여 공(0)을 받아들이는 상태입니다. 이것이 바로 명상에서 벌어지는 일입니다. 이것을 붓다는 '색즉시공'이라 하였던 것입니다. $0 \times \infty = 0$, 이 도식은 참으로 오묘하고 위대한 도식입니다. 이것은 자기 존재의 참 본질을 본 사람이 아니면 만들어낼 수 없는 도식입니다.

인문학으로 만나는 마음공부

9강

왕양명과
대나무

도(道)

도(道)는 나와 동떨어진 어딘가에 있는 것이 아닙니다. 도는 나와 가장 가까이에 있습니다. 모든 인위와 작위를 내려놓은 무위의 마음 안에 도가 있습니다. 도는 '나'안에 있는 것입니다. 도는 나의 참 본질이며, 나의 본래 면목입니다. 도는 나와 멀리 떨어져 있는 것이 아닙니다. 도를 나에게서 멀리 떨어지게 하는 것이 지식이고 관념입니다. 우리는 지식과 관념을 통해서는 도에 가까이 갈 수 없습니다. 지식과 관념을 내려놓은 텅 빈 마음(心), 그것이 허입니다. 그것이 도입니다. 그것이 우리 참마음입니다. 그러므로 심즉도心則道입니다.

주희

한국 남자들은 어려서는 밝은 얼굴로 열심히 잘 뛰어놀다가 이상하게 나이 40~50이 되면 쓸데없이 심각한 얼굴을 하고서 국가와 민족을 들먹거리다가 끝에 가면 수신 · 제가 · 치국 · 평천하를 논하는 버릇이 있습니다. 이런 담론 덕에 우리나라가 오늘날 이 정도 사는 나라가 된 건지는 모르겠지만, 사실 이 담론에서 중요한 것은 전반부 4단계인데 그것은 쏙 빼고 '아저씨들'은 자기들이 알고 있는 후반부 4단계만 붙들고 열변을 토하는 모습이 참 재밌기도 합니다.

수신修身 · 제가齊家 · 치국治國 · 평천하平天下, 이것은 동양문화권에 사는 열혈남아라면 누구나 한 번씩은 들어보았고 생각해보았을 말입니다. 일단 이 개념은 어딘지 스케일이 크고 멋있습니다. 남자들의 허영심을 채워주는 데 이만한 게 없습니다. 모름지기 사내대

인문학으로 만나는 마음공부

장부가 입을 열면 그 입에서 최소 국가와 천하 정도가 나와 줘야지 설거지 · 방청소 · 빨래 · 애보기 이런 것들이 다 뭡니까! 체통 떨어지게시리!

그런데 앞서 말한 것처럼 저 담론에서 자꾸 들먹거리는 수신 · 제가 · 치국 · 평천하는 말만 화려하지 아무 내용이 없는 껍데기에 불과합니다. 뭐로 수신할 것이며, 뭐로 제가할 것입니까? 중요한 것은 전반부 4단계입니다. 거기에 이른바 내공을 쌓을 수 있는 비법들이 숨겨져 있습니다. 전반부 4단계란 다름 아닌 격물格物 · 치지致知 · 성의誠意 · 정심正心입니다. 이것들에 유의하십시오. 이것들이 보물입니다. 사실 우리가 백날 말로 수신 · 제가 · 치국 · 평천하를 떠들지만 수신 · 제가 · 치국 · 평천하 되는 것은 하나도 없습니다. 그러나 격물 · 치지 · 성의 · 정심에서 시작하면 그렇지 않습니다. 무언가 하나둘씩 변화가 오고, 주변이 달라집니다. 어쩌면 우리는 수신 · 제가 · 치국 · 평천하를 잘못 생각하고 있는지도 모릅니다. 원래 격물 · 치지에서 시작해서 치국 · 평천하로 끝나는 이 자아실현 8단계는 동아시아에서 가장 오래된 바른생활 교과서인《대학》의 8조목八條目이란 것입니다. 이《대학》8조목에 주목했던 이가 바로 주자朱子입니다.

중국 철학사에 있어서 주희(朱熹, 주자의 본명)란 이름은 그 중요성이 남다릅니다. 독일 철학사에 있어서 칸트 같은 존재가 바로 주희이기 때문입니다. 일찍이 유교는 진秦대의 분서갱유焚書坑儒를 겪으며 한때 큰 곤경에 처하였으나 한漢대에 이르러 공식적인 관학官學의 자리에 오름으로서 그 영향력이 최고조에 올랐습니다. 그러다 그 후 점차 쇠퇴일로에 접어들어 당나라에 이르러서는 당고조 이연李淵이 자신이 노자와 같은 이 씨라는 이유로 공공연히 도교를 지지하고 나서는가 하면, 불교 또한 후한後漢초 1세기 말경 중국에 수입된 이래 지속적으로 교세를 확장하였고 당나라 시대에 접어들어서는 고승 대덕들이 출현함으로써 더욱더 교세가 확장되어 갔습니다. 심원한 사상 체계를 겸비하고 있는 불교에 비하여 기존의 유교는 형이상학 분야가 특히 미비하여 철학적 취향의 지식인들을 더 이상 끌어들일 수 없게 된 것입니다.

이러한 상황이 송宋대에까지 이르자 중국 고유의 전통을 중시하는 지식인 집단 사이에서 자성의 목소리가 터져 나오게 되었습니다. 이를 대표하던 사람들이 유명한《태극도설》을 쓴 주돈이, 독자적인 기氣철학을 수립한 장횡거, 이기론의 단초를 연 정명도, 이기론에 있어서 이理의 우위를 처음으로 주장하여 주희에게 지대한 영향을 끼쳤던 정이천등 소위 북송사자北宋四子였습니다. 이들 북송 4대 철학자들은 죽어가던 유교에 숨결을 불어넣어 성리학이란 이름으로 다시 살려낸 사람들입니다. 이들은 특히 불교에 대하여 그동안 억눌려왔던 심사를 풀어헤치고 사상적 대반격을 시도하였습니다. 불교가 중국에 수입된 것이 1세기말 이니까 대략 1천 년 만에 대반격이 시작된 것입니다. 이 대반격의 완성자가 바로 주희입니다.

주희는 위 북송사자의 설을 취합하여 불교의 형이상학에 대항하여 유교의 독자적인 형이상학을 이른바 이기론理氣論이란 형태로 수립하여 중국 역사상 처음으로 우주에 대한 깊이 있는 철학적 설명을 제시함으로서, 중국 철학의 면모를 일시에 일신시켜 그 동안 상처 입었던 중국인의 자존심에 커다란 위안을 가져다주었던 것입니다. 또한 주희는 불교가 지나치게 주관에 몰입한 나머지 객관 세계에 대한 이해를 경시한다고 보고, 바로 이점에서 불교에 대한 학문적 차별화를 꾀했는데, 그 방법적 도구가 《대학》이었습니다. 원래 《대학》이란 책은 독립된 책자가 아니고 《예기禮記》의 일부분에 지나지 않았던 것인데, 주희가 그 활용 가치를 알아보고 《대학》이란 이름의 별도의 책으로 뽑아내어 소위 사서(四書, 《논어》·《맹자》·《중용》·《대학》) 중의 하나로 격상시켰던 것입니다. 그러면 《대학》 안의 무엇이 주희의 마음을 사로잡은 걸까요?

앞서 이야기한 대로 동양 문화권에 사는 우리가 세상을 논하면서 흔히 들먹이는 수신·제가·치국·평천하라는 것의 출처가 바로 《대학》인데, 물론 이것들도 한번쯤은 생각해볼 만한 테마들이기는 하지만 실은 이 전 단계가 더 중요한 바, 그것들이 바로 격물·치지·성의·정심입니다. 그러므로 《대학》이 제시하는 전체적인 인격 완성의 흐름도는 격물·치지해서 성의·정심에 이르고 이를 바탕으로 수신·제가하여 치국·평천하한다는 것입니다. 이 8단계 중에서 가장 첫 번째가 격물입니다. 주희가 주목했던 것이 바로 이것입니다.

그렇다면 '격물'이란 무엇인가요? 격格이란 이르다, 나아가다, 치다 라는 뜻이고, 물物은 사물을 말합니다. 즉, 격물이란 쉽게 풀이하면 사물에 대한 탐구를 뜻하는 것이고, 어렵게 풀이하면 구체적인 사물 하나하나를 직접적으로 대면하여 그 궁극의 이치를 깨우쳐 나간다는 뜻입니다. 가령, 오늘은 바람을 격하고, 내일은 우레를 격하고, 모레는 물을 격하고, 그 다음은 불을 격하는 식으로 일일일격一日一格을 해나간다는 것입니다.

그리하여 이 공부가 쌓이고 쌓이면 '치지致知'에 이르게 되는데, 치지란 앎(知)이 궁극에 이른다(致)는 뜻으로 쉽게 말해 인간의 통상적 앎이라고 하는 것이 주먹구구식이어서 제대로 된 앎이 아니기 때문에 그것은 '참된 앎에 이른 것(致知)'이 아니라고 보고, 사람은 오직 격물을 통해서만 참된 앎에 이를 수 있다는 것입니다. 요즘 말로 한다면 격물·치지란 '개개의 사물에 대한 구체적 탐구를 통해 얻게된 완전한 지식'을 말한다고나 할까요?

격물·치지의 중요성은 이것이 객관세계에 대한 지식을 중시한다는 점입니다. 종래 불교, 특히 중국에서 강력한 영향력을 행사했던 화엄종에 따를 경우 객관세계는 허망한 것이고, 일체는 마음이지어낸 것(一切唯心造)이라고 설명되는 바 이러한 주관적 유심론唯心論의 세계는 사실 매사에 현실적이며 실제적인 민족인 중국 민족과는 잘 맞지 않는 세계관이었습니다. 그런데 《대학》에서는 마침 일체유심조一切唯心造로 설명될 수 없는 객관세계에 대한 중요성을 격물·치지를 통해 과거 중국의 성현들이 누누이 강조하고 있지 않습니까!

주희로서는 격물·치지라는 네 글자가 결코 예사롭게 보이지 않

인문학으로 만나는 마음공부

았을 것입니다. 말하자면 '격물·치지'란 네 글자는 주희에게 중국 문명을 인도문명과 차별화 할 수 있는 비밀의 문자처럼 보였을 것입니다(신화적·몽환적·신비주의적인 인도문명과 역사적·현실적·객관주의적인 중국문명의 대립은 깊고도 본질적인 것입니다).

왕양명과 대나무

주희에 따르면 우주에는 천리天理라는 것이 있고, 개개의 사물도 하늘로부터 하나의 이치(理)를 부여받고 태어났기 때문에 우리가 하루하루 사물을 격格하는 격물 공부를 꾸준히 해나가다 보면 이것이 점차 치지에 이르게 되고, 이것이 점점 쌓이고 쌓이며 마침내 활연관통하여 천리天理에 이르게 된다는 것입니다. 이것이 주희가 제시하는 성리학적 공부법인 궁리법窮理法입니다.

이 말은 그 자체로 얼마나 유혹적입니까! 더욱이 이 말은 성리학의 대성현 주자께서 하신 말씀이 아닌가요! 이는 지적 탐구가 왕성한 청년기에 접어든 철학적 두뇌를 가진 사람이라면 누구나 한번쯤은 혹惑할 만한 말입니다. 그리고 정말로 혹해서 이 말대로 행한 사람이 있습니다. 그가 바로 양명학의 창시자 왕양명王陽明입니다(주희는 생몰연도가 1130~1200년이고, 왕양명이 1472~1528년 이므로 왕양명은 주희와 약 300년 차이가 납니다).

왕양명은 그때까지만 해도 자기가 감히 주자의 대항자가 되리라고는 꿈도 꾸지 못했습니다. 그는 누구보다 주자를 믿고 따르며 존중했던 청년이었습니다. 그렇지 않다면 그가 주자말대로 격물을 시도

하지는 않았을 것입니다. 왕양명은 나이 21세 때에 성인聖人이 되고자 하는 거룩한 뜻을 품고 주자가 말한 격물 공부를 직접 실행에 옮겼습니다. 그리하여 대나무를 공부의 대상으로 정하고 그날로 대나무를 격格하기 시작했습니다. 왕양명은 후일 이렇게 말합니다.

대부분의 사람들은 '격물'에 대한 설명을 할 때 주자를 따르고자 하는데, 실제로 그의 설說대로 실천하려는 사람은 없다. 나는 이전에 실천해본 적이 있다. 젊었을 때 나는 친구 전우錢友와 함께 성현이 되려면 천하 모든 사물의 이치를 궁구하여 이르러야 한다는데 지금 우리는 어떻게 하면 그런 큰 역량을 얻을 수 있겠느냐고 토론을 했었지. 그리하여 정자 앞에 있던 대나무를 가리키며 그 대나무의 이치를 궁구하여 이르도록 해보기로 하였다. 친구 전우는 아침 일찍부터 밤늦게까지 그 대나무의 이치를 궁구하였다. 그의 마음과 생각을 다하기를 3일이 지나자, 그는 정신을 너무 쓴 나머지 병이 나고 말았다. 그때는 그의 발병의 원인이 정력 부족 때문이라고 보고, 이번에는 나 자신이 그것을 궁구하여 이치에 이르고자 하였다. 나 역시 밤낮으로 궁리를 하였지만 그 이치를 얻지 못한 채 7일이 지나자 너무 신경을 쓴 나머지 병이 나고 말았다(倒七日亦以勞思致疾). 그리하여 마침내 서로 탄식을 하며 '우리는 성현이 될 수 없다. 성현처럼 천하 만물을 궁구하여 그 이치에 이르는 큰 역량이 우리에게 없다'고 단정하고 말았다.

－《전습록》, 권하, 119절

이 말은 왕양명이 수십 년이 지난 후에 그때를 회상하며 제자들 앞에서 담담한 회고담처럼 하고 있지만, 실은 쓰라린 정신의 상처를 간직하고 있는 말입니다. 그는 최선을 다해 대나무의 이치를 궁구하였지만, 그 결과는 참담한 실패였습니다. 더군다나 병까지 얻고 말았습니다. '앎에 이른 것(致知)'이 아니라 '병에 이르고 만 것(致疾)'입니다. 무엇이 잘못된 것일까요? 왕양명이 주자의 설을 오해한 것일까요? 아니면 주자가 왕양명을 속인 것일까요?

왕양명이 보여준 이 '실패학失敗學' 속에서는 깊은 진실이 들어있습니다(나중에 그는 이 실패를 딛고 일어서서 자신의 양명학을 완성시켰던 것입니다). 이 문제는 이미 시효가 지난 과거의 일이 아니고 오늘날에도 여전히 살아 있는 현재진행형의 문제입니다. 요즘 사람들 중에 누가 과연 왕양명처럼 진리의 문제에 깊이 고민하는 사람이 몇이나 있겠습니까마는, 만약 어느 누구라도 왕양명과 같은 진지성을 가지고 대나무를 상대로 격물을 시도한다면 그 사람은 1주일 이내에 필시 병이 나고야 말 것입니다.

그렇다면 이 병은 대체 무슨 병일까요? 그것은 소위 수행자들의 병으로 알려진 상기병上氣病입니다. 상기병이라면 흔히 불교 승려들이 참선수행을 잘못하여 기가 머리 위로 치솟아 올라 생기는 병입니다. 왕양명이 대나무와의 격물 끝에 얻은 병은 다름 아닌 상기병이었던 것입니다(또한 주자의 충실한 후계자였던 퇴계 이황도 과도한 공부 때문에 젊어서 상기병을 얻게 되어 늙어서까지 고생하였다는 점은 격물 공부와 관련하여 시사하는 바가 많습니다).

그렇다면 왕양명이 행했던 대나무에 대한 격물 공부란 일종의 참선수행, 정확히 말하자면 잘못된 화두를 든 참선수행이었다는 말인가요? 그렇습니다. 왕양명은 격물에 관한 주자의 말을 완전히 오해한 것입니다. 주자는 격물공부를 통해 구체적 사물에 대한 지식을 쌓아 점차 천하 만물의 이치에 다가가라는 학문적 점진주의를 주문했던 것인데, 왕양명은 그런 시시한 탐구에는 만족할 수 없어 주자의 설을 돈오頓悟적인 관점에서 과잉 해석한 나머지 격물을 통해 일거에 초월적 도에 이르고자 하였던 것입니다. 그렇지 않고서야 왕양명이 무엇을 바라 대나무 하나를 붙들고 무려 1주일씩이나 눈(目)싸움을 하면서 버티고 있었겠습니까.

주자가 남긴 책에는 '풀 한 포기, 나무 한 그루에도 모두 이치가 담겨 있다(一草一木皆有理)'라고 되어있는데, 여기서의 이치(理)란 주자의 경우 규범적이거나 혹은 과학적인 이치를 가리키는 것인데 반해 왕양명은 이를 일종의 형이상학적 진리로 과잉 해석하였던 것입니다. 그렇다면 이것은 누구의 잘못일까요? 그러나 이것은 사실 누구의 잘못이나 과오라고 할 수 있는 부분이 아니고, 양자의 본질적 차이를 드러내는 부분으로 어느 쪽도 이에 대해서는 추호의 양보도 있을 수 없는 것입니다. 이렇듯 왕양명은 '대나무(객관)'를 가지고 도를 깨치려고 하다가 크게 낭패를 본 뒤, 그로부터 약 15년이 지난 이후 태도를 일변하여 '양지(주관)'라는 선험적직관을 가지고 도를 깨치는 자기만의 새로운 방법론을 수립하여 이른바 '심학心學'의 창

인문학으로 만나는 마음공부

시자가 되었던 것입니다.

수승화강과 장출식

그렇다면 여기서 대나무와 격물하는 동안 왕양명은 왜 상기병이 나서 쓰러지게 되었던 것일까요? 상기병은 지금도 화두를 들고 공부하는 참선 수행자들 사이에서 종종 발견되는 특수한 질병입니다. 이것은 몸의 수승화강(水昇火降, 찬 물기운이 위로 올라오고 뜨거운 불기운이 아래로 내려가는 몸의 원리)이 깨졌을 때 화기火氣가 머리로 올라오는 현상입니다. 문제는 이 병은 약으로 나을 수 없다는데 있습니다. 이 병의 원인은 수행에서 왔으니 그 치료도 수행에 있습니다.

이 병은 첫째, 장소적으로는 큰 암벽 주변에서 수행하는 사람에게 나타나기 쉬운데 왜냐하면 그런 곳은 화기가 강하게 응결되어 있기 때문입니다. 그러므로 상기上氣의 조짐의 보이면 이런 곳은 피해야 합니다. 특히, 석영·장석·운모 등이 많이 섞인 화강암 암벽들은 피하는 것이 좋습니다. 이것들은 소위 차돌로서 서로 부딪치면 불꽃이 튀는데, 그것은 이 돌들이 겉은 차디찬 것 같지만 속은 뜨거운 불기운으로 꽉 차 있음을 말해 줍니다(반대로, 그렇기 때문에 몸에 물기운이 많은 사람에게는 암벽 주변이 수행터로 좋습니다).

둘째, 이 병은 수행의 방법론적인 면에서 볼 때 들이쉬는 호흡을 깊게 하는 호흡법, 즉 장입식長入息을 주로 행하는 수행자에게서 많이 나타납니다. 장입식은 급할 때 한두 번은 괜찮지만, 이를 과도하게 하면 몸 안의 화기가 끓어오르게 되어 있습니다.

그러므로 상기병이 있을 때는 두 가지 해법이 있는데, 화기가 많은 암벽의 산을 피해 물가로 가라는 것이고, 둘째는 긴장을 유발시키는 장입식 호흡법을 하지 말고 편안하게 날숨을 길게 하는 장출식長出息 호흡을 하라는 것입니다. 어떤 경우에도 상기병의 근본 원인은 오직 하나, 단전丹田의 허약에 있습니다. 단전이란 몸 안의 에너지(氣)를 총괄하는 중심인데 이곳의 출입문이 허약하면 수행으로 인해 축적되어 뜨거워진 기, 즉 화기가 통제되지 않고 제멋대로 새나가서 위로 상승하여 눈과 머리를 치게 되는데, 이것이 상기병입니다. 그러므로 단전이 강해지지 않으면 언제든지 상기병은 다시 찾아올 수 있습니다. 이 단전을 강화시켜주는 호흡이 장출식입니다. 장출식을 꾸준히 하면 단전이 돌덩어리처럼 단단해집니다. 단전이 돌처럼 단단해지면 출입문이 봉쇄되어 뜨거운 화기는 아래에 머물러 있고 시원한 수기는 가슴과 머리로 올라가 온몸을 촉촉이 적십니다. 이것이 '수승화강'입니다. 단전이 무력한 채로 수승화강을 논해봐야 무의미한 말장난에 불과합니다. 수승화강은 고대 도가 수행자들이 개발해낸 비밀스러운 몸의 연금술로서, 인체가 도달할 수 있는 최고도의 유포리아(euphoria, 지복) 상태입니다. 이것은 몸의 철옹성이 되는 겁니다. 이 상태에서는 어떤 병도 침입하지 못합니다. 이것을 절반만 익혀도 폐질악병을 물리칠 수 있고, 완전함에 도달하면 금선탈각金蟬脫殼하여 신선의 경지에 이릅니다. 수승화강은 소위 몸의 공부입니다. 이 공부를 거치지 않고 바로 마음공부로 급하게 들어가면 열에 아홉은 위험에 처합니다.

인문학으로 만나는 마음공부

화두의 심리학적 기능

그럼, 여기서 다시 원래의 문제로 돌아가 봅시다. 그렇다면 왜 왕양명은 상기병이 생기게 된 것일까요? 그것은 그때 당시 왕양명의 공부법이 불교식의 화두를 들고 하는 수행법인 간화선看話禪과 흡사했다는 점에서 찾을 수밖에 없습니다. 성리학이 득세한 명明나라 때에는 불교, 특히 선禪을 대놓고 부인하는 것이 일종의 지식인의 사회적 의무 같은 것이었기 때문에(사실 왕양명은 나중에 선과 극히 유사한 자신의 양명학을 세상에 내걸 때에도 선과 거리를 유지하려는 교묘한 발언을 수시로 했다는 점을 상기할 필요가 있습니다) 그 시대의 분위기상 신실한 성리학도였던 왕양명이 불가佛家의 고승대덕을 찾아 참선수행법을 따로 배울 수가 없었던 것이고, 또한 주희 계열에서는 격물치지를 소리 높여 역설하기만 했지 구체적으로 격물치지를 어떻게 하는 것인지 그 방법론을 제시한 바도 없기 때문에 이때 왕양명이 처한 입장은 매우 난처했습니다. 그는 성리학 쪽이나 불교 쪽 어느 쪽으로 부터도 아무런 현실적인 도움을 못 받은 채 이른바 '대나무와의 격물'로 뛰어든 것입니다. 그리하여 그는 젊은 혈기로 어떻게 하는 것인지도 모르는 이 난처한 격물을 감행하여 자신도 모르게 대나무를 화두화話頭化하여 그 자신이 한 번도 해본 적이 없는 참선수행을 하기에 이른 것입니다.

길을 훤히 아는 스승이 이끌어 주어도 잘못하면 상기병이 생기는 것이 참선 수행인데, 스물한 살 청년이 혼자 스승도 없이 심신을 조율하는 방법도 전혀 모른 채 혈기만 믿고 격한 수행에 매달렸으니 어찌 병이 생기지 않았겠습니까? 1주일씩이나 버텼다는 것이 오히려 가상한 일입니다. 더구나 왕양명은 잘못된 화두로 수행하였습니다. 여기서 화두에 대해 좀 더 깊이 알아보기로 합시다.

원래 간화선看話禪에서 말하는 '화두話頭'란 것은 붓다 시대에는 존재하지 않던 수행법입니다. 붓다 시대에는 승단에서 모두 아나파나사티(anapanasati, 안반수의安般守意라고 번역된 것으로 묵조선黙照禪의 원형) 수행법을 했습니다. 붓다 본인도 마찬가지고요. 이렇게 붓다로부터 시작되어 달마, 혜능을 거쳐 천 년 넘게 내려오던 신성한 수행법인 아나파나사티의 맥이 어느 순간 끊기면서 중국 불교에 침체가 생기자 이에 대한 대안으로 중국 당나라 때 생겨난 것이 화두선話頭禪입니다. 화두선이 간화선입니다. 간화선이란 화두話를 바라본다看는 뜻에서 부르는 이름입니다. 통상 화두의 수는 현재 이른바 1,700공안이라 하여 1,700여 개로 확정해놓고 있으나, 개수는 문제가 아닙니다. 그것은 1만 개가 될 수도 있고 10만 개가 될 수도 있습니다. 문제는 화두가 수행하는 심리적 기능이 무엇인가 하는 점입니다.

이른바 화두는 '논리적으로는 결코 풀 수 없도록 교묘히 짜맞추어진 정신적 퍼즐(puzzle)'인데 이는 모두 우리 마음의 논리적·개념적·분별적 기능을 잠재우기 위한 것입니다. 가령 어떤 화두의 내용을 들었는데, 듣는 순간 "뭐라고, 뭐 이런 말도 안되는 게 있지? 이게 뭐야?"라고 생각한다면 여러분은 이미 화두에 딸려가는 것입니다. 이것이 바로 화두가 노리는 바입니다. 다음 순간 "아, 이런 거였구나!" 하고 여러분이 답을 발견해버린다면 화두는 거기서 떨어져 나가버립니다. 이러면 화두는 기능을 상실한 것입니다. 따라서 화두는 절대로 논리적 · 이성적으로는 풀 수 없도록 터무니없이 만들어 놓아야 하는 것입니다. 터무니가 없으면 없을수록 좋은 화두입니다. 터무니가 없으면 그것은 사람을 어리둥절하게 만들며 심층 깊숙이 정신을 자극시킵니다. 그런 화두는 여러분의 지적 능력을 조롱하면서 한번 일합을 겨루어 보자고 도전장을 내밉니다. 일이 이쯤되면 여러분도 조롱당하고 있을 수만은 없지 않겠습니까? 좋다! 한번 겨루어 보자! (그러나 바로 이것이 화두가 노리는 바의 전부입니다.)

화두는 자신의 내용에 대해 일체의 책임을 방기합니다. 여러분이 화두에 속았다고 생각한다면 그것은 여러분의 문제입니다. 화두를 고맙다고 생각한다면 그것도 여러분의 문제입니다. 화두는 제자리에 떡 버티고 서서 여러분의 가는 길을 붙들고 못 가게 막습니다. 여러분은 그 수수께끼를 풀어야만 거기서 살아나올 수 있습니다. 화두는 그런 면에서 스핑크스를 닮았습니다. 모든 시대 모든 나라의 오이디푸스는 자신의 운명을 타개하기 위해 스핑크스 앞을 한번은 지나가야 합니다. 그런데 고대 그리스 테베의 스핑크스가 던진 수수께끼는 우리 동양 선불교의 화두에 비하면 얼마나 쉽고 정직한 것인가요?

한 마리 새가 있다. 이 새를 어릴 때 병 속에 넣고 기르게 되었다. 그 후 이 새가 점점 자라게 되어 도저히 들어갔던 병 속에서 다시 꺼낼 수 없는 상황에 이르렀다. 그런데 이제 새를 고이 꺼내려 한다. 여기서 병도 안 깨고 새도 꺼내려면 어떻게 해야 하는가?

이것이 유명한 '병 속의 새'라는 화두입니다. 이것은 스핑크스의 수수께끼와는 전혀 다른 차원의 질문입니다. 여기에 답이 있을까요? 답이 있어서는 '안됩니다'. 이것이 스핑크스와 화두의 차이입니다. 답이 있으면 그것은 화두로서의 가치를 상실한 것입니다. 화두가 구사하는 것은 고도의 심리전인데, 그 심리전의 궁극적 목표는 답을 구하는 여러분의 마음을 제거 내지는 탈락시키는 것입니다. 그리하여 일순 마음의 작동이 멈춘 '노 마인드(no mind)'의 경지에 여러분을 이르게 하려는 것입니다. 그러므로 화두에 제대로 몰입하고 있을 때의 사람의 심리 상태는 화두만 남고 다른 생각은 다 사라지고 없는 상태입니다. 말하자면 화두話頭라는 것은 마음속에 떠다니는 생각과 말(話)들의 우두머리(頭)로서, 우두머리가 나타나서 중심에 떡 버티고 서 있으니 어찌 졸개(卒)들이 감히 설치고 다닐 수 있겠습니까. 하나둘씩 서서히 꼬리를 내리고 자취를 감추지 않겠습니까!

그러나 화두는 그 자체가 목적은 아닙니다. 단지 망상을 제거하기 위한 수단에 불과한 것입니다. 사실 엄밀히 말하자면 화두도 하나의 망상이고 사념일 뿐입니다. 다만 이것이 보통의 사념들과 다른 점은 소위 '능동적 사념'이라는 것입니다. 요컨대, 화두를 드는 것은 일종의 동종요법으로서 독으로써 독을 제거하는 것입니다. 이미 몸 안에 독이 퍼질 만큼 퍼져서 상황이 위급할 때 마치 의사가 보다 강한 독으로 그 독을 다스리는 것처럼, 정신에 있어서도 이와 마찬가

인문학으로 만나는 마음공부

지로 사념이라는 독들이 마음 안에 가득 퍼져 있어 자가 치료가 불가능할 경우, 보다 강력한 사념인 화두를 써서 다른 사념들을 제거하는 것입니다. 즉, 화두란 '사념의 왕'으로서 일념一念으로 만념萬念을 물리치는 것입니다.

따라서 정신이 순수하고 맑은 경지에 노니는 사람은 더는 화두가 필요 없습니다. 이미 텅 빈 무념의 상태에 도달했는데, 인위적인 무엇인가를 만들어 마음을 흐리게 한다는 것은 옥상옥屋上屋으로서 전혀 불필요한 일입니다. 그는 이제 화두를 내려놓고 바로 의식의 심층으로 들어가면 됩니다. 수행의 목표는 의식의 심층으로 들어가기 위함인데, 보통 사람들이 의식의 심층으로 들어가지 못하는 것은 사념 때문입니다. 사념을 형성하고 있는 혼탁한 에너지의 장場들이 가로막고 있기 때문에 통상인들은 의식의 심층으로 들어가지를 못하는 것입니다.

이때 이 앞뒤로 얽힌 사념의 실타래를 한 칼에 쳐주는 것이 바로 화두의 역할입니다. 즉, 왕 사념話頭이 새끼 사념話卒을 제거하는 것입니다. 그렇기 때문에 화두는 다른 사념들보다 수백 배 수천 배 강한 에너지를 그 안에 품고 있어야 합니다. 그렇지 않으면 지금 들고 있는 화두는 화두話頭가 아니라 화졸話卒에 지나지 않습니다. 화졸끼리는 서로 비슷비슷하여 우열을 가릴 수 없습니다. 이럴 경우 화두를 든다는 것은 그렇지 않아도 복잡한 마음속에 망상이 하나 더 추가된 것에 불과합니다. 그런 화두는 지금 당장 버려야 합니다.

화두의 에너지가 약하면 그 화두는 기능을 할 수 없는 것인데, 요즘 스승과 제자 사이에 전해지고 있는 화두들은 에너지가 너무 약합니다. 이렇게 해서는 화두에서 불길이 솟아오를 수 없습니다. 건네주는 사람도 정곡을 찌르지 못하고 받는 사람도 특별한 의미 없이 받으니 수행이 미적지근하여 별 진보를 이루지 못하고 이 화두에서 저 화두로, 저 화두에서 또 다른 화두로 옮겨 다니지만 이루는 것 없이 세월만 탕진하고 마는 것입니다. 화두의 에너지는 화두의 내용과는 아무 상관이 없습니다. 화두의 에너지를 결정하는 것은 전적으로 그 화두가 탄생할 때의 상황입니다.

어떤 제자가 조주趙州 선사에게 와서 물었다.
"궁극의 진리란 무엇입니까?"
조주가 대답하였다.
"뜰 앞의 잣나무니라."

그 제자는 스승의 답변에 얼마나 놀랐겠습니까! 순간 그는 내가 말을 잘못 들었나 하고 귀를 의심했을 것입니다. 그 답변에 제자의 말문이 막히고 어안이 벙벙했을 것입니다. 조금 달리 말하면 그 제자는 자신의 가장 예리한 칼로 조주에게 한 초식을 가한 것인데, 제대로 가격해 보지도 못하고 그만 순식간에 조주에게 허를 찔려 뒤로 나자빠지고 만 것입니다.

제자는 이미 수년 동안 스승이 하라는 대로 수행을 해왔습니다. 그런데도 깨달음의 문은 열리지 않았습니다. 자기는 이 우주의 참

인문학으로 만나는 마음공부

된 진리를 찾기 위해 세상을 버리고 승려가 되어 산에 들어오지 않았던가. 그리하여 수년간 쉼 없이 정진하지 않았던가. 이렇게 열심히 했는데도 진리의 문이 열리지 않는다면 대체 어찌해야 할 것인가? 궁극의 진리란 존재하는 것일까? 궁극의 진리라는 것이 있다면 그것은 대체 어떤 형태로 우리에게 나타나는 것 일까? 이런 생각들로 그는 머리가 꽉 찬 채 수년 동안 지내오다가 드디어 그날 날을 잡아 스승에게 질문을 던졌던 것입니다. 그런데 조주는 이미 이 제자가 처한 상황을 익히 알고 있었습니다. 그래서 제자의 질문이 채 끝나기도 전에 전광석화처럼 허를 찔러버린 것입니다.

조주의 이 한마디에 그 제자는 바로 그 자리에서 활연대오豁然大悟 하였다고 합니다. 여기서 제자가 깨침을 얻은 것은 오로지 스승이 예리한 통찰력으로 제자의 정곡을 찔렀기 때문에 가능한 일입니다. 만약 조주가 여기서 '개념으로 실재를 대신하려는' 철학자들 마냥 "궁극의 진리라는 것은 우주의 형이상학적 제1원인을 찾는 일로써 그것은 말하자면~" 하는 식의 논법을 펼쳤다면 결코 그런 일은 일어나지 못했을 것입니다. 아마 제자는 이걸 기대했을 것입니다. 그러나 스승은 답을 달라고 보채는 제자의 마음에 답을 준 것이 아니라 칼을 던졌습니다. 이 일격의 에너지는 어마어마한 것이었습니다. 제자는 스승의 일격에 순간 너무나도 터무니가 없어 말문이 꽉 막히고 말았습니다. 터무니가 없어 말문이 막혀버린다는 것, 이것이 이 사태의 핵심입니다. 그래야 사념이 멈추는 것입니다. 사념이 멈춰야 사념 때문에 가려져 보이지 않던 우리 존재의 참 본질이 일순 모습을 드러냅니다. 질문을 던졌던 제자에게 닥쳤던 일이 바로 이것입니다.

그 순간 그 제자는 머릿속에 꽉 차 있던 모든 생각을 다 놓아버렸습니다. 갑자기 마음속이 텅 빈 공의 체험을 비로소 하게 된 것입니다. 이것이 저 유명한 '조주의 잣나무' 화두입니다. 제가 장황하게 이 설명을 하는 이유는 화두라는 것이 어떤 상황에서 어떻게 생겨난 것인지 그 생성의 역사를 보여주기 위해서입니다. 이와 같이 화두는 생성의 역사가 중요한 것입니다.

1,700가지 화두 하나하나는 다 이런 식으로 독특한 각자의 생성 배경을 갖고 있는 것인데, 그걸 모르고 단순히 써진 내용만으로 화두를 논하면 그 화두는 생명 없는 죽은 물건이 되어 아무 에너지를 지니지 못한 채, 수백 년 전 어느 산속 절간의 한 에피소드에 불과한 것이 되고 맙니다. '조주의 잣나무'는 그 상황을 깊이 이해하고 그 비슷한 심리적 과정을 겪어본 사람에게는 천 년이 넘었지만 여전히 살아 있는 물건으로서 그 안에 강력한 영적 에너지가 흐르고 있음을 감지할 것입니다.

모든 화두 공부의 목적은 결국 사념을 멈추게 하는 데 있습니다. 궁극의 진리는 언어로 전달될 수 없습니다. 그것을 맛보려면 각자 자신의 의식의 심층으로 들어가야 하는데, 그 길목을 엉켜 있는 에너지 장場 혹은 사념의 응어리들이 가로막고 있어서 우리는 존재의 내면으로 들어가지 못하는 것입니다. 여기에서 사념의 응어리를 제

인문학으로 만나는 마음공부

거해주는 기능을 하는 것, 그것이 바로 화두입니다.

천리(天理)와 이장(理障)의 문제

그럼, 여기서 다시 왕양명에게로 돌아가 봅시다. 왕양명의 '대나무'와 조주의 '잣나무'는 사실 다를 게 없습니다. 둘 다 나무입니다. 그런데 왜 조주의 제자는 큰 깨달음을 얻은 반면 왕양명은 병을 얻게 된 것일까요? 그것은 왕양명은 그때 당시 정신의 방향이 조주의 제자와는 180도 다른 방향이었기 때문입니다. 궁극의 도를 깨치기 위해서는 온갖 생각과 사념이 그친 노 마인드(no-mind)의 경지에 도달하여야 하는데도, 왕양명은 오히려 이와는 정반대로 대나무를 붙들고서 대나무의 이치에 대해 이 생각 저 생각을 거듭하여 그 생각의 끝에 일약 천리天理를 깨우치려 했던 것입니다. 이것은 역사상 화두를 완전히 잘못 사용한 대표적인 경우입니다.

이렇게 되면 마음은 무념무상에 이르는 것이 아니라 오히려 번뇌 망상으로 가득 차게 되어 점점 뇌에 과부하가 걸리게 되고 결국은 심신의 조화가 깨져 상기병에 이르고 마는 것입니다. 왕양명은 궁극적 진리 내지는 천리라는 것을 얻기 위해 마음을 비운 것이 아니라 반대로 그 생각으로 마음이 꽉 차버렸습니다. 그리하여 그는 천리(天理)에 대한 마음의 집착이 생겨 오히려 그 집착 때문에 천리를 찾는 데 장애가 되는 상태(이것이 소위 불교《원각경圓覺經》에서 제기한 '이장理障'의 문제입니다)를 겪다가 쓰러지고 말았던 것입니다.

문제는 참선수행자들 중에 다소간의 차이는 있지만 화두에 대한 이해가 잘못되어 있어서 자기도 모르는 사이에 왕양명과 같은 자가 당착에 빠져 있는 사람들이 상당수 있다는 사실입니다. 그들은 가령 '무無'라는 화두(불가에서 가장 유명한 화두 중의 하나가 바로 이것입니다)를 마음속으로 되뇌며 불철주야 붙들고 생각하고 있으면 언젠가는 '무'의 본체가 스스로 드러나 큰 깨우침을 얻을 걸로 은연중 생각하고 있습니다. 마치 왕양명이 '천리'에 대해 오래 붙들고 생각하고 있으면 마침내 '천리'를 깨우치게 된다고 생각하고 있는 것과 마찬가지로 말입니다. 천만의 말씀입니다. 그건 완전히 잘못된 것입니다.

화두는 생각과 사념을 멈추기 위해 우리가 수단으로 활용하는 도구이지 목적이 아닙니다. 화두 자체를 생각의 대상으로 삼아 그 화두를 생각하고 있다는 것은 화두가 목적화 된 상태, 즉 왕양명과 같은 '이장'의 딜레마에 빠져 있는 것과 동일한 것입니다.

우리가 '이 뭐꼬' 혹은 '무'라는 화두를 들고 공부를 하는 목적은 생각과 사념이 그친 일념무생의 경지를 답사하기 위한 것이지 화두 자체에 휩싸여 무한정 화두를 되뇌고 있기 위함이 아닙니다. 즉, 화두라는 것은 어느 순간에는 그것을 버려야 하는 것입니다.

이런 쓰라린 체험을 한 후 왕양명은 주자의 공부방법론에 문제가 있다는 것을 알고 주자의 점진주의, 즉 일종의 점수漸修로부터 결별하여 그 후 각고의 노력 끝에 자신만의 독자적인 돈오頓悟의 체계, 즉 양명학을 수립하게 되었던 것입니다.

인문학으로 만나는 마음공부

10강

노자와

도

찾을수록 멀어져 가는 것

태초에 의식이 있었습니다. 의식은 하느님과 함께 있었습니다. 이 의식이 곧 하느님이었습니다. 이것이 바로 하느님의 영靈입니다. 이 하느님의 영을 일러 우주의식이라 하며 순수의식이라 하며 절대의 식이라 하는 것입니다.

이 하느님의 영이 우주의 끝에서 끝까지 감싸시며 그 안에 당신의 숨결을 불어 넣으시며 천지만물을 지어내셨습니다. 그러므로 천지만물 안에는 저마다 하느님의 영이 다 들어 있습니다.

그런데 하느님의 영이 육신 안에 떨어지자 육신은 하느님의 영을 제 것으로 착각하고 말았습니다. 이것이 바로 자아입니다. 하느님의 영이 개체적 영혼으로 둔갑하고 만 겁니다. 이것이 육체와의 동일시입니다. 의식이 자기존재의 원천을 잊어버리고 눈앞의 육신에 함몰된 상태, 이것이 불교에서 말하는 존재의 근원적 무지, 즉 '무명'이며, 이것이 기독교에서 말하는 '타락墮落'이며, 이것이 도교에서 말하는 '출이불반出而不反'입니다. 셋 다 존재의 원천으로부터 이탈된 상태를 가리키는 것입니다. 무명 · 타락 · 출이불반 이 세 가지는 이 세상 모든 고통과 어둠과 죽음을 대표하는 것들입니다.

육체와의 동일시를 깨뜨려야 합니다. 자아는 가짜라는 걸 알아야 합니다. 고통에 휩싸인 자아가 어느 날 불현 듯 진리를 깨치고 싶어하며 깨달음을 얻고자 합니까? 그러나 자아는 처음부터 없다는 사실을 알아야 합니다. 그런 자아가 나서서 행하는 모든 노력과 수행과 고행은 옥상옥屋上屋이요, 두상두頭上頭입니다. 그것이 모든 유위

인문학으로 만나는 마음공부

와 작위의 잘못된 시작입니다.

도는, 깨달음은, 진리는, 찾을수록 더욱 멀어지고 구할수록 더욱 어긋납니다. 자아가 가짜임을 깨우치면 됩니다. 자아가 곧 하느님의 영이요, 순수의식입니다. 찾는 자가 곧 찾는 대상입니다. 진리의 샘이 어디 다른 데 있는 것이 아닙니다. 물을 찾는 자가 곧 물이 흘러나오는 샘입니다. 이것을 일러 '범아일여梵我一如'라 하는 것이고, '색즉시공'이라 하는 것이며, '아버지와 나는 하나다'라고 하는 것입니다. 이것이 이른바 '심즉도心則道'입니다.

무위이 무불위

인간이 행하는 행위의 양식에는 3단계가 있습니다.

첫째 피동성, 둘째 능동성, 셋째 수동성이 그것입니다. 이 중에서 피동성은 물론 나쁜 것입니다. 피동성이란 삶을 주인의식 없이 살아가는 자들의 행동양식입니다. 세상에는 누가 시켜야만 움직이는 노예근성을 지닌 자들이 있습니다. 이들은 게으르기가 한량없고, 책임감도 없으며, 그저 식량이나 축내는 식충이들이라 할 수 있습니다. 이러한 피동성은 비난받아 마땅합니다.

문제는 능동성입니다. 그러면 능동성은 무조건 좋은 것인가? 우리는 능동성은 무조건 좋은 것이라고 교육받아왔고, 지금도 당연히 그렇게 생각하며 살아가고 있습니다. 그러나 과연 능동성은 좋기만 한 것일까요? 우리는 능동성과 수동성의 개념에 대해 심각한 착오를 하고 있는 듯합니다. 우리는 능동성과 수동성에 대해 처음부터 다시 배워야 합니다. 교육 전반에 있어서 능동성과 수동성의 개념을 새롭게 다시 정립해야 합니다. 능동성은 무조건 좋은 것이라는 이 심리적 편견은 과도한 서양식 교육이 가져다 준 악영향 중 하나라고 생각되는데, 우리 현대 문명은 '잘못된 능동성의 개념' 때문에 지금 병들어 있다는 걸 알아야 합니다.

능동성에는 좋은 부분도 있지만, 나쁜 부분도 많습니다. 좋은 능동성이란 과도하지 않은 능동성일 뿐입니다. 능동성이 과도해지면 많은 복잡한 문제가 생겨납니다. 능동성이 과도해지면 그때는 피동성보다 나빠질 수도 있습니다. 왜냐하면 피동성은 그저 단순한 부작위이고 무위도식인 까닭에 그 영향력이라고 하는 것이 대체로 개인적 수준으로 미미한데서 그치는 반면, 과잉의 능동성은 예의 그 적극성으로 새롭게 문제를 일으켜 그 파장이 사회에 까지도 광범위하게 퍼질 수 있기 때문입니다. 물론 개인적으로도 과잉의 능동성은 문제입니다. 노이로제, 히스테리, 조울증, 과잉행동장애(ADHD) 등이 다 무엇이겠습니까? 모두 능동성의 과잉이 가져온 질병들이 아닙니까?

능동성을 무조건 좋은 것으로 생각했던 이면에는 '효율'의 관념이 깔려 있음을 어렵지 않게 짐작할 수 있습니다. 무언가 능동적으로 해야 조직의 효율이 높아질 테니까 말입니다. 그러나 이것은 짧은 생각입니다. 능동성이 과잉에 이르면 사람은 첫째, 자신과 부조화하게 됩니다. 그러면 오히려 효율이 떨어집니다. 밤늦게까지 야근하고 토요일, 일요일에도 회사에 나와 근무하면 그 사람은 일의 효율이 뚝 떨어집니다. 그 사람은 너무 열심熱心인 나머지 심장에 열이 생겨 과로로 쓰러집니다. 둘째, 능동성이 과잉에 이르면 세상과 부조화하게 됩니다. 그래서 자꾸 사람들과 충돌을 일으킵니다. 부부 간의 경우도 마찬가지입니다. 두 사람 중에 한 사람이라도 능동성이 덜하면 좋은데 둘 다 능동성이 과잉이면 매사에 부딪쳐 같이 살기가 어렵습니다.

삶을 지혜롭게 살려면 과도한 능동성을 피해야 합니다. 능동성의 과잉, 이것을 노자는 유위有爲요, 작위作爲라 불렀습니다. 그러면서 노자는 사람들에게 유위와 작위를 버리고 무위로 살라고 가르쳤습니다. 나를 내세우지 말고 천지자연을 따르며, 내 뜻을 앞세우지 말고 하늘의 뜻을 따르는 것, 이것이 바로 노자가 말한 무위입니다.

세상천지에 인간처럼 유위와 작위에 사로잡혀 사는 동물은 없습니다. 이 우주 안에 생명이 사는 유일한 행성인 지구, 푸르게 빛나는 이 축복받은 별에서 우리 인간은 하늘이 내려준 자신의 고귀한 삶을 온전히 향유하지도 못한 채, 눈만 뜨면 무슨 주문에라도 걸린 사람들처럼 유위와 작위의 악순환 속으로 뛰어듭니다.

우리 인간은 왜 자기의 운명 앞에 이리도 불안해하고 초초해 하는 걸까요? 우리보다 한참 못한 개와 고양이도 봄날이면 늘어지게 하품을 하고 어슬렁 어슬렁 유유자적하며 살아가는데, 그보다 한참 잘났다는 우리 인간은 왜 개와 고양이에게도 없는 강박 증세와 불안 증세를 보이며 하루하루를 쫓기듯 살아가는 걸까요? 왜 우리 인간은 주변과 화합하지 못하고 도처에서 충돌하며 잡음을 일으키는 걸까요? 하늘을 보십시오. 하늘은 우주라는 저 거대한 천체를 아무런 소란이나 잡음 없이 운행시키고 있지 않습니까? 우리는 이 작은 몸 하나, 집 하나, 고을 하나를 다스리면서도 온갖 잡음을 일으키지만, 하늘은 우리의 상상을 초월한 만큼 크고 광대한 우주를 운행시키면서도 아무 잡음도, 소요도 일으키지 않습니다.

하늘은 저 무수한 우주 천지만물을 생성 시키면서도 어떤 유위나 작위도 행하지 않으며, 어떤 우격다짐이나 어떤 강제력도 동원하지 않습니다. 이것이 하늘입니다. 그리고 이 하늘이 본받는 것이 도입니다. 그리고 이 도가 본받는 것이 자연입니다. 이것이 바로 노자가 말하는 무위자연입니다.

가급적 유위와 작위를 멀리하십시오. 가급적 '잘못된 능동성의 개념'을 버리십시오. 그리고 진정한 수동성의 개념을 익히십시오. 사물의 중심 안에는 언제나 침착과 고요가 있습니다. 억지 능동성 혹은 과잉의 행동성으로는 사물의 중심에 도달할 수 없습니다. 사물의 중심에 도달하는 침착과 고요, 이것이 바로 진정한 수동성입니다. 이 수동성에 이르면 세상에 못할 것이 없습니다. 이것이 바로 노자가 말한

무위이 무불위 (無爲而 無不爲)
- 무위이면 하지 못함이 없다

입니다. 무위란 궁극의 수동성을 의미합니다. 무불위란 만능의 활

인문학으로 만나는 마음공부

동성을 의미합니다. 다시 말해 '무위이 무불위'란 궁극의 수동성을 통하여 만능의 활동성을 얻게 된다는 뜻입니다. 이것이 우리 인간의 정신적, 육체적 활동이 최고도의 단계에 도달했을 때 나타나는 현상입니다. 명상이니 마음공부니 하는 것은 바로 이 수동성을 익히는 것입니다.

최고의 칼잡이

《장자》를 읽다 보면 어떤 분야에서 신인神人 · 초인超人의 경지에 오른 인물들이 자주 등장합니다. 칼잡이 포정庖丁도 그런 사람 중의 하나입니다.

포정이라는 요리사가 임금 문혜군을 위해 소를 잡는 일이 있었다. 그가 손을 대거나, 어깨를 기울이거나, 발로 누르거나, 무릎을 구부리거나 하면 그 동작에 따라 살과 뼈가 툭툭 떨어져 나갔다. 칼이 지날 때마다 서걱서걱 설정설정 소리가 나는데 모두가 음률에 들어맞았다. 그의 동작은 상림(桑林, 은나라 때 음악)에 맞춰 춤추는 듯하였고, 경수(經首, 요임금 때 음악)에 맞춰 율동하는 것 같았다.

문혜군이 말했다. "아, 훌륭하구나, 기술이 어찌 이런 경지에 까지 오를 수가 있는가?" 포정이 칼을 내려놓고 대답했다. "제가 귀히 여기는 것은 도입니다. 기술(技)을 넘어선 것이지요."

－《양생주》

지금 푸줏간 주인 포정이 소를 해체하고 있습니다. 그런데 그의 칼솜씨가 입신入神의 경지에 도달해 있습니다. 그가 소 앞에서 칼을 한 자루 들고 마치 춤을 추듯 움직이면 저절로 소의 살과 뼈가 툭툭 떨어져 나갑니다. 이를 본 임금이 '그대 기술이 참 대단하오'라고 한 마디 거들었다가 되레 '이것은 기술이 아니라 도라는 것이오'라고 포정에게 핀잔을 듣고 있습니다. 임금이 학생이고 포정이 선생 같습니다. 이어서 포정은 중요한 말을 던집니다.

"제가 처음 소를 잡을 때는 눈에 보이는 것이 온통 소뿐이었습니다. 삼년이 지나자 완전한 소가 보이는 일이 없어졌습니다. 지금에 이르러서는 저는 정신으로 소를 대하지 눈으로 보지 않습니다. 감각기관의 작용이 멈추면 신령한 기운이 저절로 움직이는 것입니다(官知止 神欲行). 천리天理를 따라 큰 틈새와 빈 구멍에 칼을 넣고 움직여 소의 본래 구조를 그대로 따라가니 한번도 살이나 근육을 다친 일이 없습니다. 하물며 뼈야 더 말할 나위가 있겠습니까? 훌륭한 백정은 1년마다 칼을 바꾸는데, 그것은 살을 자르기 때문입니다. 보통 백정들은 1개월마다 칼을 바꾸는데, 그것은 뼈를 자르기 때문입니다. 지금 저의 칼은 19년이 되었으며, 그 사이 잡은 소는 수천 마리나 됩니다. 그러나 칼날은 이제 막 숫돌에 갈려 나온 것 같습니다. 소의 뼈마디에는 틈이 있고, 이 칼날에는 두께가 없습니다. 두께 없는 칼날이 틈 있는 뼈마디로 들어가니 텅 빈 것처럼 넓어, 칼이 마음대로 놀 수 있는 여지가 생기는 것입니다. 그

인문학으로 만나는 마음공부

러기에 19년이 지났는데도 칼날이 숫돌에서 막 갈려나온 것 같은 것입니다."

포정은 수십 년째 소 잡는 일을 해온 사람입니다. 그는 당대 최고의 칼잡이입니다. 그는 달인達人이고 신인입니다. 그가 이렇게 말합니다.

관지지 신욕행(官知止 神欲行)
- 모든 감각기관의 작용을 멈추면
  신령한 기운이 저절로 움직인다.

포정이 하는 설법의 핵심 내용입니다. 감각기관의 작용이 과잉이면 사물의 참 모습을 볼 수 없습니다. 사물의 핵심에 도달하기 위해서는 감각기관이 정화되고 순화되어야 합니다. 처음 소를 대할 때는 마음이 흔들려 감각기관이 증폭되어 있어서 눈에 보이는 것이 온통 소뿐이었습니다. 이때 아마도 포정은 소 앞에서 어쩔 줄을 몰라 쩔쩔 매었을 것입니다. 그러다 삼 년이 지나자 소의 살과 근육과 뼈가 서서히 눈에 들어오기 시작했습니다. 감각기관이 그만큼 정화되고 고요해진 것입니다. 그리고 지금에 이르러서는 소를 눈으로 보지 않고 정신으로 대합니다. 이렇게 감각기관의 작용이 멈추면 우리 내부의 신령한 기운이 저절로 움직입니다. 이것이 이른바 '관지지 신욕행'입니다. 이 경지에 이르면 소도 사라지고 자신도 사라집니다.

오로지 칼이 저절로 움직이며 서걱서걱 설렁설렁 모든 것을 행하고 끝냅니다. 행위자의 개입이 사라진 순수한 행위 자체, 이것이 바로 무위입니다. 노자의 무위를 지금 장자는 푸줏간 주인 포정을 통하여 구체적으로 생생하게 보여주고 있습니다. 무위란 무엇입니까? 바로 '관지지 신욕행'입니다. '무위이 무불위無爲而 無不爲'란 무엇입니까? 바로 '관지지 신욕행'입니다. 여기서 중요한 것은 관지官知, 즉 감각기관을 통한 지각 작용을 멈춘다는 것입니다. 다시 말해 머릿속의 스위치를 꺼야 합니다. 무언가 멈추는 것이 있어야 비로소 작동하는 것이 있습니다. 감각기관의 작용을 통한 능동성의 과잉을 멈춰야 보다 고차원의 세계가 열리는 것입니다.

– 상세 내용은 본인의 저서《장자, 영혼의 치유자》142쪽 참조.

최고의 수영선수

미국의 펠프스도 최고의 수영선수고, 한국의 박태환도 최고의 수영선수입니다. 그러나《장자》를 읽다 보면 이와는 다른 차원의 수영선수가 등장합니다. 펠프스와 박태환은 세계 금메달을 목에 건 사람들이지만, 이 사람은 금메달이 없습니다. 펠프스와 박태환은 당연히 속도 면에서 세계 최고로 빠른 사람들이지만, 이 사람은 속도 같은 것에는 신경도 안 쓰고 별로 빠르지도 않습니다. 금메달도 없고, 별로 빠르지도 않지만 이상하게도 이 사람의 수영 솜씨에는 무언가 특별한 것이 있습니다. 장자의 말을 들어보세요.

인문학으로 만나는 마음공부

공자가 여량呂梁이라는 곳을 여행했다. 거기에는 30길이나 되는 폭포수가 걸려있고, 거품을 일으키며 뻗은 급류가 40리에 이르러 물고기나 자라도 헤엄칠 수가 없는 곳이었다. 그런데 그런 급류에서 한 사나이가 헤엄치고 있는 것을 발견하고, 공자는 그가 괴로운 일이 있어 죽으려고 뛰어든 거라 생각하고 제자를 시켜 물길을 따라가서 구해주라고 했다. 그런데 그 사나이는 수백 보를 헤엄치다 나와서는 머리를 풀어 헤친 채 노래를 불러가며 쉬고 있었다. 공자는 다가가서 물었다. "나는 선생이 귀신인가 싶었는데 자세히 보니 사람이구려. 한마디 묻겠는데, 물속에서 헤엄치는 데 무슨 특별한 방법이 있는 것인지요?"

"없소. 나에게는 방법이라는 것이 없소. 나는 평소의 하던 바에 따라 시작하고, 본성에 따라 나아가고, 천명에 따라 이룰 뿐이오. 나는 소용돌이와 함께 물속으로 들어가고(與齊俱入) 솟아오르는 물과 함께 물위로 나옵니다(與汨偕出). 물의 길을 따를 뿐이지(從水之道), 전혀 내 힘을 쓰지 않소(而不爲私). 이것이 내가 헤엄치는 방법이오."

– 《달생》

이 최고의 수영선수는 방법을 묻는 공자에게 일언지하에 방법 따위는 없다고 잘라 말하고 있습니다. 그러면서 하는 말이 자기는

여제구입(與齊俱入, 소용돌이와 함께 물속으로 들어가고)
여골해출(與汨偕出, 솟아오르는 물과 함께 물위로 나옵니다)

종수지도(從水之道, 물의 길을 따를 뿐이지)

이불위사(而不爲私, 전혀 내 힘을 쓰지 않소)

라고 대답하고 있습니다. 이 사나이의 몇 마디 말 안에 양생의 핵심이 다 들어 있습니다. 사사로움을 버리고 자연의 흐름에 자기를 맡겨야 합니다. 이 사나이의 설명을 들으면 그 논리가 너무도 지당하여 무릎을 치게 되지만, 막상 우리가 하려면 우리는 잘 안 될 것입니다.

왜 안 될까요? 그것은 다름 아닌 공포심 때문입니다. 평소에는 수영을 잘하던 사람도 세찬 급류를 보면 공포를 느끼게 됩니다. 사람이 일단 공포를 느끼면 평소에 잘하던 일도 못하게 됩니다. 좁은 길에서 자전거를 잘 타던 사람도 똑같은 폭의 길이라도 절벽위에서는 다리가 후들거려 잘 못 탑니다. 세계적인 골프 선수들도 평소에는 잘 치던 것도 결승전에 가면 곧잘 실수합니다. 너무 긴장, 초조하여 다리가 후들거리기 때문입니다. 그래서 골프 대회 연장전에 돌입하면 '평상심'을 유지한 자가 우승하고 평상심을 잃은 자가 패배합니다. 인생의 승부를 결정짓는 것은 결국 '멘탈(mental)'입니다. 멘탈이 약하면 무너집니다. 평상심을 유지 못하면 아무리 기량이 좋아도 실력 발휘가 안 됩니다.

지금 이 사나이가 수영을 하는 곳은 급류도 보통 급류가 아니라, 거품을 일으키며 뻗은 급류가 무려 40리에 이를 만큼 험한 급류입니다. 우리 같으면 그 앞에서 심한 공포를 느꼈을 것입니다. 그러나

　　　　　　　　인문학으로 만나는 마음공부

이 사나이는 아무 저항 없이 물에 몸을 맡깁니다. 만약 그가 공포를 느껴 소용돌이에 빠져들지 않으려고 저항을 했다면 어찌 되었을까요? 아마 그는 결국 물에 빠져 죽었을 것입니다. 그런데 이 사람은 그렇게 하지 않았습니다. 대신 그는 유연하게 온몸의 힘을 빼고 소용돌이에 몸을 맡겨 물속으로 쑥 들어갔다가, 솟아오르는 물과 함께 다시 물위로 나옵니다. 이 사나이의 비밀은 무저항에 있습니다. 만약 소용돌이에 대비해 어떤 인위적인 방법론을 찾으려 했다면 그는 아마 성공하지 못했을 것입니다. 이 사나이는 무슨 방법을 개발하려고 머리를 쓰는 대신 물의 본성에 따랐습니다. 요컨대, 인위를 버리고 자연을 따른 것입니다. 이것이 바로 무위자연입니다. 이렇게 무위에 이르면 하지 못함이 없습니다.

– 상세는 본인의 저서《평범하라 그리고 비범하라》190쪽 참조

최고의 싸움닭

인생을 살아가는 데는 여러 가지 방법이 있는 것 같습니다. 순한 사람들은 순한 방법으로 살아가지만, 반대로 다혈질의 사람들은 늘 싸우면서 살아갑니다. 매사에 누구랑 잘 부딪치고 주변 사람들과 자주 충돌하는 사람들, 이런 사람들을 우리는 싸움닭이라고 부릅니다. 그런데 이런 싸움닭들도 유심히 살펴보면 처음부터 싸움을 좋아했던 것이 아닙니다. 자기는 실은 착한 사람인데, 주변에서 자기를 나쁘게 말하고 무시했기 때문에 가만히 있을 수 없었다고 말합니다. 저도 그 말을 인정합니다. 당신은 착한 사람입니다. 착한 당신이 자

꾸 수준도 안 되는 인간들 때문에 자꾸 싸움에 휘말리는 일은 없으면 좋겠습니다. 당신은 저에게 앞으로는 싸우고 싶지 않다고 말하였지요. 여기 싸우지 않는 비법이 있습니다. 《장자》를 읽다 보면 진정한 싸움닭 이야기가 나옵니다.

기성자紀渻子가 왕을 위해 싸움닭을 기르고 있었다. 열흘이 지나 왕이 물었다. "닭이 쓸 만한가?" "아직 멀었습니다. 지금은 쓸데없이 허세를 부리고(方虛憍), 자기 힘만 믿고 있습니다." 다시 열흘이 지나 왕이 또 물었다. "아직 멀었습니다. 다른 닭의 울음소리를 듣거나 그림자만 보아도 덤벼들려고 합니다(應響景)."

다시 열흘이 지나 왕이 또 물었다.

"아직 멀었습니다. 아직도 상대를 노려 보고(猶疾視) 혈기왕성 합니다."

다시 열흘이 지나 왕이 또 물었다.

"이젠 됐습니다. 옆에서 아무리 다른 닭들이 울음소리를 내며 싸움을 걸어와도 미동도 하지 않습니다(無變). 멀리서 보면 마치 나무로 깎아 놓은 닭 같습니다. 비로소 그 덕이 온전해진 것입니다(德全). 다른 닭이 감히 덤벼들지 못하고 보기만 해도 달아나 버립니다."

－《달생》

유명한 목계지덕木鷄之德의 우화입니다. 싸움닭의 덕이 온전해지

인문학으로 만나는 마음공부

기까지 4단계를 거쳐야 합니다. 장자학파 사람들의 필치가 매우 재치 있습니다.

> 방허교(方虛橋, 쓸데없이 허세를 부림)
> 응향경(應嚮景, 소리나 그림자만 봐도 덤벼듦)
> 유질시(猶疾視, 아직도 상대를 노려봄)
> 무변(無變, 미동도 하지 않음)

옛 사람들은 이 이야기를 근거로 나무를 깎아 닭을 만들어(木鷄) 앞에 두고 정신수양을 했다고 합니다. 이 우화는 이른바 완전한 덕이 어떤 것인지를 보여주고 있습니다. 덕이 온전하지 못했을 때 닭은 공연히 허세를 부렸습니다. 이것이 1단계 '방허교方虛橋'입니다. 태권도에 비유하자면 마치 빨간띠에 해당한다 하겠습니다.

그러다가 점점 자기 순화의 과정을 거쳐가면서 온갖 잡스러운 것들을 몸에서 떨어냅니다. 그러나 아직도 싸움닭의 기질이 남아 있어 다른 닭의 울음소리를 듣거나 그림자를 보면 덤벼들곤 합니다. 이것이 2단계 '응향경應嚮景'입니다. 마치 이제 초단을 따서 검은띠를 두른 격이라 하겠습니다.

그다음 단계가 상대에게 덤벼들진 않지만 그래도 혈기가 왕성하여 상대를 노려보는 단계입니다. 이것이 3단계 '유질시猶疾視'입니다.

이렇게 내공을 쌓아가다 마침내 최고의 싸움닭의 경지에 도달하게 됩니다. 이 경지에서는 다른 닭들이 싸움을 걸어와도 아무 반응을 보이지 않습니다. 이것이 4단계 '무변無變'입니다. 마침내 무심의 경지에 도달하여 그 덕이 완전해진 것입니다. 무심해져야 합니다. 위대한자는 자신의 위대함을 의식하지 않습니다. 못난자들 일수록 시끄럽게 허세를 부립니다.

- 상세는 앞의 책 220쪽 참조.

인문학으로 만나는 마음공부

11강

무당 계함

이른바 신통력

《장자》를 보면 신기하게도 무당 이야기가 나옵니다. 이른바 무당 계함 이야기입니다. 정鄭나라에 계함이라는 신통한 여자 무당이 살았는데, 그 무당은 사람이 언제 죽는지, 화나 복은 언제 밀어닥치는지, 사업운은 어떻고, 재물운은 어떤지 등에 대해서 그 일어날 일들을 몇 년 몇 월 며칠까지 알아맞히는 능력을 지녔다고 합니다. 말하자면 그 시대의 '족집게 도사'였던 모양입니다. 그래서 정나라 사람들은 그 무당이 자기의 죽는 날을 알아맞힐까 두려워 그 여자를 보기만 하면 급히 달아났다고 합니다.

그런데 문제는 열자列子 입니다. 열자는 노자, 장자의 계보를 잇는 도가의 중요 철학자입니다. 〈소요유〉 편에서는 열자는 바람을 타고 유유히 노닐면서 세상의 일에 연연하지 않고 초연히 사는 인물로 묘사되어 있습니다. 그런데 여기에서의 열자는 다소 그보다 못한 인물로 그려지고 있습니다. 열자는 정나라 사람들이 다 피해 달아나는 무당 계함을 만나보고서는 심취하여 돌아와 스승인 호자(壺子)에게 이렇게 말합니다.

"처음엔 저는 선생님의 도가 최고의 것인 줄 알았습니다만, 알고 보니 그보다 더 높은 도를 지닌 사람이 있더군요."

제자로부터 이런 말을 듣게 되었 을때 호자는 얼마나 어이가 없었겠습니까. 그러나 수행의 세계에서는 이런 일은 왕왕 벌어지는 일입니다. 호자도 역시 이런 일을 몇 번 겪은 듯합니다. 그는 담담하게 이렇게 말합니다.

인문학으로 만나는 마음공부

"나는 너에게 도의 형식에 대해서는 다 가르쳤지만, 내용에 대해서는 아직 가르치지 않았다. 그런데도 너는 내가 가르치는 도를 다 터득했다고 생각했단 말이냐? 암탉이 많아도 수탉이 없으면 어떤 달걀이 나오겠느냐? 네가 도를 가지고서 세상 사람들과 다투는 것은 반드시 자기를 드러내는 것일 게다. 그러니까 남이 네 관상을 보고 쉽사리 알아채는 것이다. 어디 시험 삼아 그 무당을 데려와서 나를 보게 해 보아라."

여기 세 부류의 사람이 등장합니다. 술사와 도인과 그 사이에서 오락가락 하는 제자. 술사는 일종의 신통력 내지는 신통력 유사의 재주를 몸에 지닌 자로서, 대체로 그의 능력이라고 하는 것은 가령 가만히 앉아서 천리 밖을 내다본다는 천리안(천안통) 또는 타인의 마음을 읽는다는 독심술(타심통) 혹은 과거·현재·미래의 일을 훤히 꿰뚫어 아는 예언술(숙명통) 또는 물위를 걷는다든가 붕붕 떠서 하늘을 날아다닌다는 공중부양(신족통) 따위가 그것입니다. 여기에다 천이통(天耳通, 하늘의 소리를 듣는 능력)까지 합하여 여섯 가지를 불교에서는 육신통六神通이라고 부릅니다.

문제는 사람들이 도의 본체는 외면한 채 이러한 신통 혹은 이적 따위에 혹해서 이들을 쫓아다니며 높이 추앙한다는 사실입니다. 이것이 종교가 마술과 합류하는 지점입니다. 이렇게 되면 종교는 사기꾼들과 야바위꾼들의 협잡이 됩니다. 여기 장자는 무당 계함을 내세워 독심술 내지는 숙명통을 가지고 장난을 치는 무리들을 호되게 질책하고 있는데, 오늘날에도 이런 행위들은 근절되지 않고 여전히 인기리에 추구되고 있습니다.

그런데 과거와 비교해보면 오늘날의 야바위꾼들은 다소 품목을 바꾼 듯합니다. 아마 독심술과 숙명통은 아무래도 타인의 운명과 직결되는 것이라서 그냥 전래의 무당들에게 넘겨주고, 자기들은 좀 더 그럴듯한 품목을 가지고 사업을 하기로 한 듯합니다.

외국의 예를 본다면 일전에 TV를 보니 미국에서 대성공을 거둔 인도인 야바위꾼이 나오는데, 이 자는 공중부양(levitation)을 가지고 대대적인 사기를 치고 있었습니다. 물질의 나라 미국과 소위 영혼의 나라 인도의 기묘한 조합이라고나 할까요. 실로 가관이었습니다. 넓은 체육관 같은 데에 흰옷을 차려입은 수백 명의 무리들이 모여 있는데, 마냥 즐거운 이 순진한 무리들은 자세도 단정하게 결가부좌한 채로 삼삼오오 떼 지어 앉아서 그 자리에서 앉은 채로 위로 튀어 오르는 메뚜기 같은 동작을 반복하고 있었습니다. 많이 튀어 올라봐야 고작 10~20센티미터 정도나 될까요. 어떤 자는 채 그나마도 못 올라오고 엉덩방아를 찧고 있었는데 그러면서도 그 동작을 진지하게 계속하고 있었습니다. 바닥에 매트리스가 깔려 있기에 망정이지 그렇지 않았더라면 엉덩이께나 까졌을 것입니다.

이 신기한 행동에 대해 기자가 뭐냐고 묻자 그들은 자신들이 지금 '공중부양'을 하고 있는 중이라고 대답했습니다. 뭐라고! 공중부양이라고! 저는 그 말을 듣고 깜짝 놀랐습니다. 대체, 어떤 고난도의 사기꾼에게 세뇌를 당했기에 고작 '메뚜기 자세'를 취하면서 그

인문학으로 만나는 마음공부

것을 '공중부양'이라고 하고 있단 말인가요. 그 진풍경을 장자莊子하고 같이 보았더라면 분명 무슨 명언이 장자 입에서 한마디 튀어 나왔을 텐데, 그러지 못한 것이 못내 아쉬웠습니다.

국내의 예를 들겠습니다. 이 단체는 한국 고유의 전통적 수행방식을 내세우는 단체로서 국내외에서 상당한 지명도가 있는 단체인 것 같았는데, 이들은 불교의 천안통을 나름의 방식대로 각색해 가지고 장난을 치고 있었습니다. 그리고 특히 이들의 나쁜 점은 어린아이들을 상대로 이런 야바위짓을 하고 있다는 점입니다. 그들은 아이들의 눈을 검은 천으로 가리고 앞에 있는 종이가 무슨 색인지 맞춘다고 호들갑을 떨고 있었습니다. 천안통(천리안, clairvoyance)의 매력은 사실 인간이면 누구나 뿌리치기 힘든 유혹일 것입니다. 눈을 가리고도 사물을 식별할 수 있고, 벽이 가로막혀 있어도 사물을 꿰뚫어 볼 수 있다는 것, 소위 격벽투시! 이것은 어린아이들이 얼마나 갈구하는 판타지의 세계입니까. 어린이들의 순수한 동심을 이런 식으로 사업에 이용해 먹다니! 저 교활한 야바위꾼들을 이대로 방치하면 앞으로 한국 고유의 전통적 수행방식 전체가 거대한 사술詐術로 매도될 수 있습니다. 우리 고유의 전통적 수행방식은 저러한 사기극과는 거리가 멉니다. 한국의 수행계는 앞으로 이점을 바로 잡아야 할 것입니다.

원래 술사와 도인은 출발은 같은 사람입니다. 그러나 수행의 과정이 진행되면서 어떤 연유로 한 사람은 옆길로 새나가고 한 사람은 정도를 지킨 것입니다. 원래 수행이 일상적 단계를 넘어 어떤 경지에 이르게 되면 불교에서 말하는 6신통의 묘용이 언뜻언뜻 섬광을 발하는 환상적 세계의 옆을 지나게 됩니다. 병자를 고치는 치유의 능력이 생긴다거나, 어떤 미래의 사태에 관한 환상을 본다던가, 알 수 없는 하늘의 소리를 듣는다든가 하는 것들이 그것입니다. 그러나 이러한 일종의 신통력들은 구도의 과정에 수반되는 일시적 경계이고 현상일 뿐이지 결코 참된 경지가 아닙니다. 여기에 정신이 홀리면 그자는 술사가 됩니다. 여기에 정신이 홀리지 않는 자만이 도(道)를 이룰 수 있으며 그자가 바로 도인입니다. 도의 본체는 본성상 영원히 감추어져 있어 육안으로 보이지 않습니다. 도인은 매 순간 제자에게 도를 보여주려 하지만, 제자는 도를 볼 수가 없습니다. 그러나 신통력은 바로 눈에 보입니다. 따라서 술사는 제자에게 보여줄 것이 많습니다. 그러므로 제자가 아주 총명하면 모를까 그렇지 않으면 대개는 술사에게 기울게 되는 것입니다. 여기의 열자(列子)가 바로 그런 인물입니다. 열자는 스승 호자를 버리고 무당 계함에게 정신이 홀려 버렸습니다. 그는 스승 호자의 도보다 무당 계함의 도가 더 높다는 말을 서슴없이 스승에게 할 정도로 정신이 나가있습니다. 이 딱한 제자를 위해 어떻게 할 것인가. 방법은 하나뿐입니다.

"어디 그 자를 한번 내 앞에 데려와 봐라."

교활한 계함(季咸)

그리하여 다음 날 열자가 무당 계함을 데리고 와서 드디어 계함과 호자의 만남이 이루어졌습니다. 호자의 얼굴을 본 계함은 밖으로 나와서 열자에게 말했습니다. "아, 당신 선생은 죽게 생겼소. 살 수가 없지. 열흘을 넘기지 못할 것이오. 나는 그에게서 이상한 것을 보았소. 물에 젖은 재恢의 상相이었소." 그러자 열자는 들어가 눈물로 옷깃을 적시면서 그 말을 호자에게 전했습니다. 호자가 말했습니다.

"아까 나는 무당에게 '대지의 상'을 보여주었다. 그것은 산 같이 육중하여 움직이지도 멎어있지도 않는 것이다. 그는 나에게서 겨우 두덕기杜德機의 술術(덕의 발동을 막는 경지)을 보았을 것이다. 어디 시험 삼아 한 번 더 데려와보아라."

그래서 다음 날 또 열자는 무당을 데려와서 함께 호자를 만났습니다. 무당은 밖으로 나와서 열자에게 말했습니다.

"다행이오. 당신 선생은 나를 만나서 병이 나았소. 이젠 살 수 있겠소. 나는 그에게서 생명의 싹이 솟아나는 것을 보았소."

그러자 열자가 안으로 들어가 이 말을 호자에게 전했습니다. 호자가 말했습니다.

"조금 전에 나는 그에게 '천지의 상'을 보여주었다. 이것은 이름도 형태도 없는 상태로 기운의 움직임이 몸의 깊은데서 생겨난다. 그는 나에게서 겨우 선자기의 술(천지 사이에 선한 기운이 차츰 나타나는 경지)을 보았을 것이다. 시험 삼아 다시 데려와보아라."

장자는 자신의 저서 전편을 통하여 우리가 일상생활을 통해서는 좀처럼 보기 힘든 '특별한 만남'들을 많이 주선하는데 요堯 임금과 허유許由의 만남이라든가, 임금 문혜군과 푸줏간 주인 포정의 만남이라든가 등이 대표적이라 하겠습니다.

호자와 무당 계함의 만남도 이런 특별한 만남 중의 하나입니다. 그러나 장자가 소개하는 이런 만남들은 현실적으로 거의 불가능에 가까운 만남들입니다. 어떤 왕이 할 일 없이 산속의 은자隱者를 찾아 나설 것이며, 또 어떤 왕이 격이 떨어지게 푸줏간 주인 따위를 만나서 인생의 자문을 구하려 하겠습니까? 현실 생활에서 이건 찾아보기 힘든 일들입니다. 그럼에도 불구하고 이런 이야기들은 사라지기는커녕, 다른 버전(version)으로 계속 재생산되 나오며 인구人口에 회자됩니다. 왜 그럴까요? 그것은 무엇보다 이런 이야기들이 재미있기 때문입니다. 왜 재미가 있는가? 그것은 이런 이야기들이 전혀 어울릴 수 없는 두 세력 간의 긴장과 충돌을 보여주기 때문입니다. 그 충돌은 일상생활에서는 볼 수 없는 전기적인 스파크를 튀깁니다. 그것이 사람들의 마음에 카타르시스를 가져다줍니다. 왕이란 존재는 국정의 자문을 구할 때 고시考試에 붙어 올라온 대신과 신료들을 불러 그들의 이야기를 듣지, 식당 한 켠에서 칼질하고 있는 요리사를 불러 이야기를 듣지 않습니다. 그러나 《장자》에서는 왕이 대신을 부르는 것이 아니라 요리사를 불러 그의 고견高見을 듣습니다. 이것은 파격破格입니다. 이 파격에서 카타르시스가 생기는 것입니다. 이것이 장자의 이야기가 지니고 있는 매력이지요.

반면, 유가儒家 책에는 이런 파격의 묘미가 없습니다. 유가는 다만 격을 지킵니다. 말하자면 정격正格의 수호자입니다. 그렇기 때문에 유가의 책들은 딱딱하고 지루한, 바른생활 교과서처럼 되어버린 것입니다. 그런 책은 말 잘 듣는 순량順良한 백성을 길러내는 데는 유용할지 모르지만, 개성 있고 창의적인 개인을 길러내지는 못합니다. 파격이란 말 그대로 격을 깨트리는 것입니다. 파격을 통해서 우리는 기존의 정해진 틀을 벗어나 새로운 관점에서 사물을 보게 됩니다. 그리하여 그전에는 보지 못했던 것을 일순간 보게 되는 것이지요. 창의성과 독창성, 심정의 자유와 정신의 활달함 등 인생의 묘미는 이 파격에서 나옵니다.

장자는 단연 파격의 미학을 추구했던 사람입니다. 여기 호자와 무당의 이야기도 예사로운 이야기가 아닙니다. 술사와 도인이 만났다는 것 자체가 진기한 이야기이며, 특별한 이야기입니다. 원래, 술사는 무언가를 얻어 보려고 도인을 찾아다닙니다. 그러나 도인은 술사를 꺼립니다. 술사는 순수한 구도자가 아니기 때문입니다. 그에게는 무언가 순수하지 못한 목적이 있습니다. 그런데 이 이야기에서는 거꾸로 되어 있습니다. 오히려 도인이 술사를 찾습니다. 왜? 무엇을 얻으려? 얻을 것은 아무것도 없습니다. 다만, 제자에게 가르침을 주기 위함일 뿐입니다.

처음 만남에서 무당은 돌연 호자의 죽음을 예언했습니다. 열자는 슬퍼하며 이 말을 전하지만 호자는 전연 다른 이야기를 합니다. 그것은 자기가 두덕기杜德機의 술을 써서 기가 움직이지 않고 막혀 있는 듯한 상을 나타내 보여줬더니 무당이 거기에 속아서 그런다는 것입니다. 둘째 날 만남에서 무당은 이번에는 호자에게서 생기가 넘쳐나는 것을 보고 호자가 살게 되었다고 예언하면서 자기가 병을 고쳤기 때문에 그렇게 되었다고 말합니다. 그러나 사실은 이번에는 호자가 선자기善者機의 술을 써서 천지 사이의 선한 생기가 차츰 나타나 활발하게 움직이는 듯한 상을 보여주었던 것입니다. 지금 무당 계함은 꼭두각시처럼 호자가 하는 대로 따라서 하고 있으면서도 아직 무엇이 잘못된 지를 파악하지 못하고 있는 상태입니다.

술(術)이 미치지 않는 호자(壺子)

그러자 다음 날 또 열자는 무당과 함께 호자를 뵈었습니다. 무당은 밖으로 나와 열자에게 이렇게 말했습니다.

"당신 선생은 도대체 상이 일정하지 않기 때문에 나로서는 관상을 보아드릴 수가 없소. 다시 마음을 일정하게 하라고 전해주시오. 그러면 그때 다시 관상을 보아드리겠소."

자가 안으로 들어가 호자에게 이 말을 전하자 호자가 말했습니다.

"조금 전에 나는 무당에게 '더할 수 없이 커다란 **태허**太虛**의 상**'

《장자》 원전에서는 이를 '태충막승(太沖莫勝)'이라고 표현하고 있다. 태충(太沖)은 태허(太虛)와 같은 것이고, 태허는 태극(太極)과 같은 것이다. 막승(莫勝)이란 '엄청나다'라는 의미이다.

을 보여주었다. 이것은 허심虛心 그대로 일체를 받아들여 어떤 차별도 두지 않는 것이다. 그는 아마 나의 형기기衡氣機의 술術(기운을 평평하게 하여 일체를 평등하게 대하는 경지)을 보았을 것이다. 빙빙 돌아 모이는 물도 못淵이고, 괴어 있는 물도 못이고, 흐르는 물도 못이다. 못에는 아홉 가지가 있는데, 나는 이 중에서 세 가지를 보여준 셈이다. 어디 다시 한 번 데려와보아라."

여기서 무당 계함은 호자를 보고 도대체 상이 일정하지 않아서 관상을 볼 수 없다고 불만을 토로하였는데, 이것은 일면 일리 있는 주장입니다. 왜냐하면 호자는 이날 계함에게 태허, 즉 태극太極의 경지를 보여주었기 때문입니다. 원래, 점占이라든가 독심술讀心術이라고 하는 것은 음과 양이 어느 한쪽으로 기울어져 있어야 비로소 가능한 것입니다. 왜냐하면 그래야만 상이 나타나기 때문입니다. 따라서 태허 내지는 태극에 대해서는 아무도 점을 칠 수가 없습니다. 점은 원래가 태극 이후라야 비로소 가능합니다. 장자는 지금 이것을 말하고 있습니다. 존재의 영역에는 관상이나 독심술 따위가 불가능해지는 어떤 초월적인 영역이 있다는 것, 그리고 이 영역에 대해서는 술사 따위들이 개입할 수 있는 것이 아니라는 것, 그리고 그 영역이 바로 술이 통하지 않는 도의 영역이라는 것, 이런 것들을 장자는 암시하고 있는 것입니다.

그런데 무당 계함은 자신의 신통한 독심술을 앞세워 점을 보면서 아직까지 한 번도 그 내면이 태극으로 돌아간 사람을 본 적이 없기 때문에 이게 어찌된 일인지 어리둥절해서 자기는 호자의 관상을 더볼 수 없다고 고백 아닌 고백을 한 것입니다. 호자는 계함에게 우주의 세 가지 모습을 필요에 따라 자유자재로 펼쳐보여 주었습니다. 고여 있는 물, 흐르는 물, 빙빙 도는 물 세 가지입니다. 첫날 보여준 '대지의 상'이 고여 있는 물이고, 둘째 날 보여준 '천지의 상'이 흐르는 물이고, 셋째 날 보여준 '태허의 상'이 빙빙 도는 물입니다. 무당 계함은 이 빙빙 도는 물을 보고 상을 잡지 못하고 어리둥절해진 것입니다. 그렇게 하고 또 다음 날이 되었습니다.

다음 날 또 열자는 계함과 함께 호자를 뵈었습니다. 계함은 이번에는 호자의 모습을 보자 채 자리도 잡기 전에 얼이 빠져 도망쳤습니다. 호자가 쫓아가서 잡아오라 하자 열자는 쫓아갔으나 잡지 못하고 돌아와 호자에게 "사라져버렸습니다. 간 곳을 몰라 따라갈 수가 없었습니다."라고 말하자 호자가 말했습니다.

"조금 전에 나는 무당에게 내가 근원에서 나오기 이전의 본래 모습, 즉 '미시출오종未始出吾宗의 상'을 보여주었다. 나는 그 근원 속에서 나를 비워 오직 사물의 움직임에 따라, 내가 누구인지도 잊어 버린 채 바람 부는 대로 나부끼고, 물결치는 대로 흘러 다녔지. 그래서 그가(아무 상도 볼 수 없어서 그만 두려움을 느끼고) 도망친 것이다."

호자는 자기가 계함에게 '미시출오종'의 경지를 보여주었다고 말

　　　　　　　　　　　　　　인문학으로 만나는 마음공부

합니다. 여기서 미시출오종이란 어떤 경지입니까? 이것은 태극보다도 이전인 무극을 말하는 것입니다. 태극이 만물이 생성·분화되어 나오는 존재의 중심을 의미한다면, 무극은 여기서 한 발짝 더 나아가 이러한 중심마저도 사라져버린 비존재의 상태를 말합니다. 요컨대, 절대무(絶對無, The Absolute Non Being)의 상태입니다. 장자는 태초에 행해진 사물의 여러 분화 단계를 설명할 때 그 최초의 단계로서 '아직 사물이 생겨나기 전의 상태'를 가리켜 '미시유물자未始有物者'라고 부르고 있는데, 이것이 여기서 말하는 '미시출오종'과 같은 개념입니다. 요컨대, 이것들은 공히 만물이 생성과 분화되기 전의 근원적 상태, 즉 무극을 가리키는 것입니다.

'미시출오종'은 장자 철학이 제시하는 궁극의 개념입니다. 이것은 우주 삼라만상의 근원을 지칭합니다. 장자에게는 자신의 사상을 전하는 핵심 개념이 몇 가지 있는데, 그중에서 세 가지만을 들라고 한다면, 저는 주저 없이 '좌망坐忘', '심재心齋', '상아喪我'를 들 것입니다. 이 세 가지를 모르고서는 장자 철학을 알았다고 할 수 없기 때문입니다. 그러면 좌망·심재·상아 등과 '미시출오종'은 어떤 관계입니까. 그것은 형식과 실질의 관계입니다. 좌망·심재·상아 등은 형식입니다. 어떤 형식입니까? 무와 허의 형식입니다. 이에 반해 미시출오종은 실질입니다. 우리가 좌망·심재·상아를 통해 체험하게 되는 실질적 내용, 그것이 바로 미시출오종의 세계입니다. 요컨대 우리는 좌망 등을 통해 궁극의 허를 체험하게 되는데, 그 허라고 하는 것이 아무것도 없는 텅 빈 허망한 것을 말하는 것이 아니라, 오히려 그 허라는 형식을 통하여 우리는 우주의 궁극적 근원을 체험하게 되는 것입니다.

그런데 도가가 제시한 '미시출오종'의 관념을 수행의 세계에서 가장 잘 활용하여 꽃피운 사람들은 도가의 제자들이 아니라 불가의 선승禪僧들입니다. 선승들은 이 개념에서 힌트를 얻어 '부모미생전 본래면목父母未生前 本來面目'이라는 불후의 화두話頭를 창안해냈습니다. 흔히 '본래면목(original face)'으로 알려진 이 의미심장한 철학적 화두는 '부모로부터 태어나기 전의 나의 본래 모습'이 무엇인지를 묻고 찾는 것입니다. 말하자면 우리 인간의 영혼은 탄생이라는 생물학적 계기를 통해 육체 속에 갇히게 되는데, 이러한 육체 속에 갇히기 전의 '순수한 정신으로서의 자아'를 묻고 찾는 것이지요. 바쁜 도시 생활을 견디며 보잘 것 없고 좀스런 인생을 살아가는 우리들에게 이 화두는 황당한 질문처럼 들릴지 모르겠지만, 사실 이것은 시간의 물결 속에 허우적거리며 살아가는 인간을 일순 광대한 영원의 지평 위로 끌어올려 이 우주의 참 실재가 무엇인지를 물어보게 만드는 심오한 존재론적인 질문입니다. 결국 이 화두는 우주의 근원에 관한 질문이며 존재의 신비에 관한 질문입니다. 천지우주 앞에 이런 장대한 질문도 당당하게 한번 던져보지 못하고, 삶의 허상에 그날그날 쫓기며 살다가는 우리 현대인들이란 도대체 얼마나 가련한 존재들입니까!

무당 계함은 술術을 익혀 신통력을 갖췄을 뿐 도의 그윽한 경지에는 이르지 못했습니다. 계함은 정나라에서 가장 신통력 있는 무당이었지만, 이제 그런 신통력 따위가 통할 수 없는 인물을 처음으로 맞

인문학으로 만나는 마음공부

닥뜨린 것입니다. 그는 첫째 날은 '대지의 상'을, 둘째 날은 '천지의 상'을 보고 이런저런 예언을 늘어놓으면서 나름대로 술사로서 행세를 할 수 있었으나, 셋째 날이 되어 호자가 펼쳐 보인 '커다란 태허의 상' 앞에서 움찔하였습니다. 한 번도 본 적이 없는 거대한 것이 자기 앞에 가로놓였기 때문입니다. 이때 계함은 '태허의 상'이란 것을 이해할 수 없었습니다. 자기는 나라 전체를 들었다 놓았다 하는 대술사大術士인데, 도무지 자기가 읽을 수 없는 상이 있다는 것을 시인할 수가 없었습니다.

제가 보기에는 이런 자만 때문에 계함은 넷째 날에도 열자를 따라 호자 앞에 나타났던 것 같습니다. 무언가 계함은 어제의 석연치 못한 점을 오늘은 명백히 밝혀 볼 야심으로 왔을 것입니다. 그리하여 그가 잘못된 마음을 먹고 호자 앞에 나타났을 때 호자는 이번에는 '태허'의 단계를 뛰어 넘어 '궁극의 경지'를 펼쳐 보인 것입니다. '태극' 앞에서도 얼이 빠졌었는데, 게다가 아무 조짐兆朕도 없는 '무극'을 펼쳐 보이니 이를 어찌 감당할 수 있겠습니까? 그는 비지땀을 뻘뻘 흘리다가 채 자리도 잡기 전에 줄행랑을 치고 말았습니다.

계함이 이렇게 도망가고 스승 앞에 혼자 남게 된 열자, 그는 얼마나 낯이 뜨거웠겠습니까? 열자는 무당 계함의 신통력에 정신이 홀려 처음에 자기는 스승님의 도가 최고인줄 알았으나, 그 보다 더 높은 도를 지닌 사람이 있더라고 하지 않았던가요. 그런데 지금 그 신통하던 계함은 어디로 갔나요. 열자는 호자와 계함 간의 '나흘 간의 진검승부'를 옆에서 보면서 실로 커다란 충격을 받고 깊은 깨달음을 얻게 되었습니다. 그는 그동안 자신이 했던 공부가 완전히 잘못된 것임을 뼈저리게 느끼게 된 것입니다.

그 후 열자는 자기의 학문이 아직 시작도 제대로 못한 것임을 깨닫고 집으로 돌아가서 삼 년 간 두문불출 하였다. 그리고 아내 대신 밥도 짓고, 돼지 먹이기를 사람을 대접하듯 하고, 세상일에 좋고 싫고를 구별하지 않았다. 이렇게 인위를 버리고 소박한 상태로 돌아가 마치 심정이 없는 흙과 같은 모습을 한 채 우뚝 서서 모든 것에 초연하였다. 그는 오로지 이와 같이 하여 일생을 마쳤다.

열자는 비로소 자신의 학문이 잘못된 것임을 깨닫고 집으로 돌아갔습니다. 이 사건 이후 열자는 변모하였습니다. 그는 비로소 術술과 道도의 차이를 알게 된 것입니다. 그는 이제 무당이 행하는 괴이한 신통력 따위에 더는 홀리지 않고, 참된 도의 세계에 침잠하여 아무런 분별심을 일으키지 아니하고 하루하루 무위자연의 삶을 살다갔습니다. 여기까지가 무당 계함과 호자에 관한 이야기입니다.

무당 계함 이야기를 하는 이유

그런데 문제는 왜 이런 이야기를 장자가 하는 것일까? 하는 점입니다. 《장자》를 읽다 보면 무당 계함 이야기처럼 왜 그 이야기가 그 장면에 나오는지 의아한 경우가 여러 군데 있습니다. 장자는 물론 이에 대해 어떠한 설명도 내놓지 않습니다. 그는 다만 자신의 고차

인문학으로 만나는 마음공부

적인 의도에 따라 필요한 곳에 필요한 장면을 적절히 배치할 뿐입니다. 이것이《장자》의 보이지 않는 특징입니다.《장자》를 읽다 보면 외형적으로 봤을 때 어딘지 엉성하고 비논리적이라는 느낌을 받게 되는데, 좀 더 깊숙이 행간을 읽다보면 그 안에 내적 연관성 내지는 내면적 논리성이 들어 있다는 점을 발견하게 됩니다. 실로 장자다운 무심한 수법이라 하겠습니다. 장자를 읽으면서 그런 부분을 찾아내보는 것도 특별한 즐거움 중의 하나입니다.

응제왕應帝王이란 제왕으로서의 응당한 자격을 갖춘 자는 누구인가를 논하는 것입니다. 물론 장자는 그것을 평범하게 '서술적'으로 나열할 생각은 추호도 없는 사람입니다. 그는 설명적이고 평면적인 기술 방식을 고리타분한 것으로 용도폐기시킨 사람임에 틀림없습니다. 대신 그는 은유와 상징이 가득한 우화를 한 토막 들고 나와 우리에게 들려줍니다. 그 우화들은 그 자체로 보더라도 신기한 이야기들이고 또 철학적인 내용들입니다.

그러나 장자는 그 우화들을 아무렇게나 배치한 것은 아닙니다. 장자는 서술적이지 않고 구성적이며, 평면적이지 않고 입체적입니다. 장자는 오랫동안의 숙고를 거쳐 깊은 의도를 가지고 어떤 우화는 어디에, 또 어떤 우화는 어디에 식으로 각각 배치를 한 것입니다. 〈응제왕〉 편도 마찬가지입니다. 이편은 제왕의 자격이 무엇인가를 논하는 글입니다. 그렇다면 장자의 집필 의도상 여기에는 분명히 이상적인 통치자의 상이 그려져 있어야 합니다. 그런데 정작 우리가 만나게 되는 것은 무당 계함에 관한 이야기입니다. 장자는 왜 무당 이야기를 〈응제왕〉 편에서 하는 것일까요? 우리는 그 점을 깊이 생각해보아야 합니다.

답은 간단합니다. 그때 당시 제왕이란 자들이 무당과 점술에 혹해 수준 낮은 정치를 행했기 때문이 아니겠습니까. 권력을 획득하는 데 도움이 된다면 아무리 괴이하고 우스꽝스러운 짓이라 할지라도 무당과 점술가들이 시키는 대로 행하는 자들이 많았기 때문이 아니겠습니까. 그런데 지도자란 자들의 그런 미신적 행태는 2,500여 년이 지난 지금도 마찬가지입니다. 정鄭나라인지 한국이란 나라인지 잘 알 수는 없으나 그 나라도 지도자란 자들이 심히 미신적인 행태를 보이기로 소문이 나있습니다. 선거철이면 한국 정치 풍토에 빠짐없이 등장하는 꼴불견 중의 하나는 대통령 선거 출마자란 사람들이 '조상 묏자리'를 이장하는 것일 것입니다. 미신이란 것은 허약한 인간본성에 의지해 기생하는 것으로, 개인이든 사회든 한번 거기에 휩쓸리면 좀처럼 헤어나기가 힘든 것입니다. 더군다나 누가 그 일로 재미를 보았다고 하면 옆에 있던 바보도 혹시나 하고 따라서 합니다. 마치 어떤 일의 성패가 그 미신적 행위 덕택인 걸로 착각하기 때문입니다.

몇 년 전에 한국 정치사에서 크게 존경받는 어떤 인물도 이런 터무니없는 짓을 했습니다. 그는 대선에 임박하여 조상 묏자리를 무슨 하늘이 내려줬다는 명당으로 이전하였습니다. 그런데 재미있는 것은 그가 그해 대통령에 당선됐다는 사실입니다. 그가 대통령에 당선된 것과 조상 묘를 이장한 것 사이에는 무슨 연관이 있겠습니까?

　　　　　　　　　　인문학으로 만나는 마음공부

아무런 연관도 없습니다. 그런데 이런 일에는 반드시 무슨 연관이 있다고 주장하는 일단의 무리들이 있습니다. 바로 술사의 무리들입니다. 내가 보기에 풍수지리학은 다른 학문과 마찬가지로 좋은 면과 나쁜 면이 섞여 있습니다. 그런데 그중에서 선량한 것은 빼버리고, 사악하고 교활한 것만 모아 사이비 이론 체계를 만들어 이를 집대성한 것이 있는데, 그것이 바로 '죽음의 풍수지리' 즉 묏자리에 관한 이론입니다.

그리고 그 후 몇 년이 지나 다시 대통령 선거가 치러지게 되었는데, 이번에는 그때 선거에 떨어졌던 어떤 정치인이 다시 출마하면서 이 사람 역시 선친 묘를 이장했습니다. 아마 그는 몇 년 전에 자기가 낙선한 것이 조상묘 때문이라고 생각했던 모양입니다. 그러나 그는 조상묘를 옮겼음에도 불구하고 또 떨어졌습니다.

그런데 정치인들의 이러한 유아기적·미신적 행태는 외국도 마찬가지인 것 같습니다. 미국의 경우 가장 요상 망측한 행동을 많이 보였던 것은 레이건(Reagan)정부였는데, 그때는 레이건의 중요 스케줄을 부인 낸시(Nancy)의 주도 아래 무당과 점술가들이 짰다는 이야기가 공공연히 흘러 나왔었습니다. 심지어 레이건이 외국 수상과 만나야 하는데 무당의 점괘가 그날 일진이 안 좋게 나오면 이미 잡힌 일정을 변경시키는 일까지 종종 있었다는 것입니다. 이런 것들을 보면 정치인이란 결국 어쩔 수 없는 자들이 아닌가 하는 생각도 듭니다. 한국에 몇 년 전에 온 나라를 떠들썩하게 했던 유명한 여자 점술가가 있었습니다. 그 점쟁이 말이 자기를 찾는 사람 중에는 유명 정치인도 많이 있는데, 특히 선거철이면 정치인들이 얼마나 자기를 보려고 문전성시를 이루는지 그 숫자를 다 헤아릴 수도 없었다는 군요.

일국의 지도자가 되겠다는 자들의 정신 수준이 무당과 점술가나 찾아다니는 정도라면 그 나라에 무슨 장래가 있겠습니까. 장자가 말하려는 것은 제왕이 되려는 사람은 무당이나 점술가 따위와 친하게 지내는 그런 수준 낮은 사람이어서는 안 되고, 호자 정도까지는 아닐지라도 적어도 열자 정도는 되어야 한다는 것, 요컨대 심오한 도(道)의 세계를 체득한 경지는 아닐지라도 최소한 참된 도(道)와 사이비 술(術)의 세계를 구분 할 줄은 아는 사람이라야 한다는 것입니다. 이것이 장자가 무당 계함 이야기를 〈응제왕〉 편에서 하는 이유입니다.

우리는 통상 장자가 신비한 이야기를 많이 하기 때문에 합리주의를 표방한 공자에 비하여 점술이나 신탁, 예언술 등에 대해서도 더 친근한 태도를 갖고 있을 것으로 은연 중 생각하는 경우가 많은데, 그것은 커다란 착각입니다. 장자는 점술, 신탁 등에 대하여 완전히 부정적이었습니다. 이에 반해 공자는 자신의 태도를 표명하면서 자기는 '괴력난신怪力亂神'을 꺼려한다고 말하였습니다. 즉, 괴이한 것(怪), 힘쓰는 것(力), 어지러운 것(亂), 신기한 것(神)을 꺼린다는 것입니다. 이것은 여러 가지 해석이 가능한 폭 넓은 용어이지만, 최소한 유교가 신비주의를 배격하고 합리주의를 추구한다는 기본 입장을 밝힌 것으로 받아들여지고 있습니다.

춘추전국시대에 가장 신비스러운 책으로 통하는 책 한 권이 있었는데, 그 책은 잘 알려진 바와 같이 《역경易經》입니다. 《역경》은 기본적으로 점을 치는 책, 즉 점서占書였습니다. 지금도《역경》에는 서죽(筮竹, 점칠 때 쓰는 산가지) 50개를 손에 잡고 점을 치는 본서법本筮法, 이를 간략히 한 중서법中筮法과 약서법略筮法 등이 존재하고 있습니다. 그런데《사기史記》에 보면 어찌된 영문인지 이런 점술서인 역경을 공자가 탐독한 나머지 위편(韋編, 책을 묶는 가죽 끈)이 세 번 끊어졌다고 합니다(韋編三絶). 이것은 이상하지 않습니까? 왜 합리주의자 공자가 신비주의 서적의 대표격인《역경》을 탐독했던 것일까요?

이에 반해 장자는 자신의 저서 첫머리를 등 길이가 수 천리에 이른다는 신화속의 새, 붕鵬에 관한 이야기로 시작한 사람입니다. 이것은 얼마나 괴이하고(怪), 신기한(神) 이야기인가. 공자의 관점에서 본다면 장자의 붕에 관한 이야기는 괴력 난신의 대표적인 케이스라고 할 수 있습니다. 두 사람은 그만큼 대조적입니다. 그런데 신비한 이야기를 즐겨하는 줄 알았던 장자는 정작 알고 보니 신비주의의 본산이라고 할 만한 점술이나 예언, 신탁 등에 관하여 완전히 부정적인 입장을 취하고 있고, 합리주의자인줄 알았던 공자는 알고 보니 신비주의 서적에 심취해서 책 끈을 세 번이나 끊어먹을 정도였다는 것 아닌가요. 이런 결말은 무언가 이상하지 않은가요. 왜 통상 알려져 있는 것과는 반대의 결말이 나타나 있는 걸까요?

사람은 이상한 동물이어서 자기가 이미 가지고 있는 것에 대해서는 더 관심이 없고, 자기가 가지고 있지 못한 것에 대해서는 항상 미련을 품게 마련입니다. 공자도 마찬가지입니다. 공자는 평생을 인본적 합리주의에 기초한 삶을 살아왔습니다. 그는 주로 '인간 세상의 도리'가 무엇인지를 논하며 살았지 인간 세상을 초월한 '천지자연의 도'에 대해서는 별관심이 없었습니다. 말하자면 형이상학의 세계는 그의 관심의 대상이 아니었던 것입니다. 현실 세계, 그것만이 공자의 관심사였습니다. 그러나 공자도 만년晩年에 이르러 사정이 달라졌습니다. 그도 영원의 관점에서 사물을 보게 되었고 우주의 근원과 존재의 신비에 대해 관심을 기울였습니다. 그리하여 사마천이 《사기》에서 지적하는 바대로 '만년에 이르러'《주역》을 탐독하였던 것이지요. 말하자면 젊은 날 너무 이성 일변도의 합리주의자로 살았던데 대한 반작용이라고나 할까요. 그는《논어》에서 이렇게 말했습니다. "내가 앞으로 몇 년 더 공부하여 역易을 완전히 터득한다면, 가히 큰 허물이 없을 것이다."

이에 반해 장자 같은 사람은《주역》이나 점술, 신탁 등에 대해 아무런 미련이 없습니다. 그는 평생 사물을 '영원의 상 아래에서' 보며 우주 만물의 근원과 교류하면서 살아왔고, 그러한 삶의 과정에서 우주의 참된 도가 무엇인지를 깨우쳤기 때문에 신통이나 이적異跡, 예언이나 점술 따위에 아무런 감흥을 갖지 않습니다. 장자는 심지어《주역》을 가까이 하지도 않았습니다. 그는 그러한 모든 술의 한계를 이미 다 알고 있습니다. 그는 그런 모든 것들이 결국 부질없음을 이미 체득한 것입니다. 그리하여 신비주의자 장자는 말년에 신비주의자가 아닌 것처럼 보이고, 합리주의자 공자는 말년에 합리주의자가 아닌 것처럼 보이는 것입니다.

인문학으로 만나는 마음공부

12강

탈뇌 입도

주인과 종

생각은 마음이 아닙니다. 생각은 마음에서 나오지만 마음에게로 돌아오지 않는 자입니다. 생각은 내가 키웠지만 나를 거역하는 자입니다. 생각을 짓고 생각을 따라가고 생각을 쫓는 자는 결국 자기 존재의 순수성을 잃게 됩니다. 생각이 마음속에 가득해지면 마음이 자기 집에서 쫓겨나는 신세가 됩니다. 이것이 주객전도입니다. 주객이 전도되면 그다음 무슨 일이 일어날지 아무도 모릅니다.

생각 이전에 순수한 의식의 빈 공간이 있습니다. 이것이 바로 마음입니다. 마음은 본래 고요하며 빛으로 가득 차 있습니다. 그래서 마음을 가리켜 '원광명청정체元光明淸淨体'라 하였습니다.

생각은 종이고 마음이 주인입니다. 이것이 생각과 마음의 관계입니다. 주인이 코를 골고 자고 있어서는 안 됩니다. 주인이 잠에서 깨어나야 됩니다. 깨어서 종들이 무슨 짓을 하는지 늘 지켜봐야 합니다. 그러면 종들이 도둑질도 멈추고 나쁜 짓도 그만두며 차차 고분고분해집니다. 그래서 결국은 가장 충직한 나의 심복이 되는 것입니다. 이것이 마음과 생각의 관계입니다.

체득공부와 지식공부

우리가 하는 공부는 '체득공부'이지 '지식공부'가 아닙니다. 지식공부는 이미 충분히 했습니다. 초·중·고 12년간 한 공부가 이 공부이고, 어떤 사람은 대학 가서 4년을 더 하고, 또 어떤 사람은 그것도 모자라서 대학원까지 가서 몇 년 더 한 사람도 있습니다. 이렇게 장시간에 걸쳐 지식공부만 했지만 그것들은 다 어디 갔습니까? 지식공부란 그저 머리에 잠시 들어와 있다가 시험이 끝나면 다 나가고 없습니다. 학교 다닐 때 선생님 중에 "야, 이거 어렵지만 내일 모레 시험 볼 때까지만 외워봐라. 그리고 시험 끝나면 잊어버려도 돼!"라고 하시던 친절한 선생님도 계셨습니다. 그러나 '시험 끝나면 잊어버려도 될 공부'를 대체 왜 하는 겁니까? 그런 공부는 대체 누구를 위해서 누가 만든 것일까요? 학교 교육에는 과거나 지금이나 많은 문제가 있어 보입니다. 우리는 앞으로 그런 공부하지 맙시다.

반면, 하고 싶어서 하는 공부를 하면 그 공부가 몸에 달라붙습니다. 누가 말려도 하고, 못하게 해도 합니다. 이것이 체득공부입니다. 체득공부는 내 몸의 살이 되고 피가 됩니다. 지식공부는 아무리 해봐야 '정보(information)'의 수집일 뿐, 존재의 '변화(transformation)'를 가져오지 못합니다. 그러나 체득공부는 심신의 변화를 일으킵니다. 이것이 진짜 공부입니다. 지식공부는 잠시 머리에 머물렀다 떠나는 공부지만, 체득공부는 점점 몸속으로 들어가 나중에는 오장육부에까지 스며듭니다. 그래서 나날이 내 몸과 마음을 살찌게 해주고 새롭게 하며 변화시켜 줍니다. 우리는 이런 공부를 해야 합니다. 공부에도 진짜 공부와 가짜 공부가 있습니다. 그것을 결정짓는 것은 '변화(transformation)'입니다. 변화를 가져오지 못하는 공부는 다 쓸데없는 공부이고 시간낭비이니 내다 버려야 합니다. 톨스토이의 글 중에 《3인의 은둔자(The three hermits)》라는 재미 있는 작품이 있습니다.

어떤 섬에 세 사람의 늙은 은둔자들이 살고 있었다. 그러나 어찌나 단순한 사람들이었던지 외우는 기도문도 오직 한 가지뿐이었다. "우리는 셋입니다. 당신께서도 셋입니다. 제발 우리를 불쌍히 여기소서!" 이처럼 소박한 기도가 진행되는 동안, 엄청난 기적들이 눈앞에서 전개되었다.

하루는 그 지역의 주교가 이들에 대한 이야기를 듣고서, 이들에게 정식으로 기도하는 법을 가르쳐주기 위하여 그 섬을 방문하기로 했다. 이윽고 섬에 도착한 주교는 은둔자들을 만나서, 그들이 하늘에 올리는 기도가 점잖지 못하다는 말을 한 다음, 그들에게 여러 가지 관습적인 기도들을 가르쳐주었다.

그러고 나서 그는 보트를 타고 떠났다. 배를 타고 가는 중에 그는 무언가 찬란한 빛이 뒤를 따르고 있는 광경을 목격했다. 그 발광체가 가까이 접근하자 주교는 그 속에서 서로 손을 맞잡고 파도 위를 달려오는 세 사람의 은둔자를 확연히 알아볼 수 있었다.

그들은 주교에게 다가오면서 큰소리로 외쳤다.

"주교님! 우리는 주교님이 가르쳐준 기도들을 잊어버렸습니다. 그래서 그 기도들을 다시 한번 가르쳐달라는 부탁을 드리려고 이렇게 급하게 달려온 겁니다." 겁에 질린 주교는 고개를 절레절레 흔들었다. 그리고 겸손하게 대답했다.

"부디, 여러분들이 하던 예전의 기도를 계속하도록 하세요!"

말과 이론이 번드르르한 관념적인 공부들은 철학이든 인문학이

인문학으로 만나는 마음공부

든 현실에서 힘을 못 씁니다. 현실에서 힘을 쓰지 못하는 공부가 무슨 의미가 있습니까? 무술 고단자는 현실에서 적을 제압할 수 있어야 하고, 양생술의 고단자는 자신의 호흡을 제압할 수 있어야 하며, 몸 공부의 고단자는 칠정七情을 제압할 수 있어야 합니다. 희喜, 노怒, 우憂, 사思, 비悲, 경驚, 공恐 이 일곱 가지 적은 보이지 않는 적이지만 인생에서 가장 강력한 적들입니다. 어느 놈 하나 만만한 놈이 없고 사사건건 개입해서 우리 마음을 이리저리 휘저어 놓습니다. 칠정이 곧 칠적七賊입니다. 이자들은 내 재물을 훼손시킵니다. 이자들이 번갈아가며 내 일을 훼방 놓고 내 사업을 망가뜨립니다. 이자들이 제멋대로 내 삶을 지배합니다. 국왕의 명령은 잠시 산속으로 피하면 면할 수 있지만, 이들은 어찌나 집요한지 따라오지 않는 곳이 없습니다. 개화된 민주사회에서 우리는 어느 누구의 명령도 받지 않고 사는 것처럼 보이지만, 실은 이자들의 지배를 받고 삽니다. 이자들이 인간의 모든 것을 지배합니다. 아무도 이 상황을 피할 수 없습니다. 그중에서도 특히 '공포(恐)'가 가장 강력합니다. 우리 인간의 모든 것을 배후에서 지배하는 자가 바로 공포입니다. 공포는 생존과 직결된 것이기 때문입니다. 공포가 가장 두려운 존재입니다. 그래서 이름이 '공포'입니다. 공포는 인간 행위의 가장 밑바닥에 깔려 있습니다. 공포야말로 인간의 근원적 감정입니다.

공포가 엄습하면 인간은 아무것도 할 수 없습니다. 심지어 숨도 제대로 못 쉽니다. 다만 우리는 그 공포가 빨리 지나가기를 바랄뿐입니다. 그래서 공포가 지나가면 한숨을 길게 내쉬면서 "휴, 이제 숨

좀 쉴 것 같네!"라고 말합니다. 공포는 인간이 대항할 수 있는 단계를 넘어선 감정입니다. 공포는 거대한 것이고 우리 존재는 미약한 것입니다. 공포 앞에서 우리는 속수무책일 뿐입니다. 공포에 대해서는 이유를 따질 수 없습니다.

그러다 공포가 해결되고 나면 그다음 찾아드는 것이 '분노(怒)'입니다. 그전에는 절대 아닙니다. 공포가 사라져야만 분노가 고개를 쳐들고 일어나는 것입니다. 공포가 지배하는 동안은 분노 같은 것은 언감생심입니다. 내 목숨 하나 부지하기도 바쁜 판국에 분노 같은 건 명함도 못 꺼냅니다. 분노란 일단 자기 생존이 확보된 다음에 찾아드는 감정입니다. 공포 상황이 요행이 잘 끝난 뒤에 곰곰이 생각해보니까 화나는 것이지요. 그러므로 분노의 감정은 개인적으로는 안 좋을지 몰라도 사회적으로는 건강한 감정일 수도 있습니다. 공포가 지배하는 사회에서는 분노가 표출되지도 못하니까요.

그러다 분노가 소멸하고 나면 그다음 찾아드는 것이 '슬픔(悲)'입니다. 나의 분노를 충분히 발산하고 났더니 그제야 주변이 보이기 시작하는 겁니다. 여기저기 피해 입고 고통 받는 사람들이 보입니다. 나에게 집중됐던 감정(분노)에서 벗어나니 남들이 눈에 들어오는 것이지요. 그래서 슬픔은 더욱 넓게 외면을 확장시키면 숭고한 '자비慈悲'가 될 수 있는 것입니다.

그러다 슬픈 상황이 지나고 나면 곧바로 행복하고 즐거운 감정(喜)이 찾아드나요? 그러면 얼마나 좋겠습니까. 그러나 인간의 감정은 그렇게 생겨먹지를 않은 것 같습니다. 따지는 게 몇 가지가 더 있습

인문학으로 만나는 마음공부

니다. 영리해서인지 멍청해서인지 모르겠지만 인간은 그렇게 쉽게 행복할 수 있는 동물이 못되는 것 같습니다. 슬픔이 한차례 휩쓸고 가면 그다음 근심·걱정이 찾아듭니다. 이것이 '우憂'입니다. 슬픔이라는 특별한 감정이 지나고 나면 근심·걱정이라는 매우 일반적이고 불투명한 감정이 고개를 내밉니다. 근심·걱정하는 사람은 일단 애국자이고 충신입니다. 나라를 사랑하니까 근심·걱정하는 것이지 베짱이나 매미가 근심·걱정 하겠습니까? 이것이 우리가 근심·걱정하는 사람들의 존재를 무시할 수 없는 이유입니다. 또 다른 면으로는 근심·걱정 많이 하고 있으면 어딘지 폼이 납니다. 히죽히죽 웃고 있는 것은 어딘지 바보처럼 보입니다. 별일 없더라도 자꾸 인상 쓰면서 심각한 척 하면 사람들이 무시하지 못할 것입니다.

이제 근심·걱정마저 없어진 상태가 되었습니다. 그러면 이제는 행복해도 되겠지요? 그런데 안 됩니다. 자존심이 허락하지 않습니다. 우리의 자존심은 한 단계를 더 채워야 합니다. 참 인간은 이상한 동물입니다. 근심·걱정도 없어졌으니 바로 행복해도 되는데 뭐 생각해볼 것이 남아 있다며 행복을 유보합니다. 뭐를 생각하나요? 특별한 것도 없습니다. 근심·걱정이라는 매우 일반적인 불만의 감정까지가 소멸했으니 더는 있을 것도 없는데, 그래도 이 사람은 혼자 뭔가를 골똘히 생각합니다. 이 단계를 그래서 황제도 어이가 없었던지 그냥 '생각(思)'이라고 불렀습니다. 인간의 심리를 꿰뚫어보는 황제의 예리한 통찰이 느껴지는 대목입니다. 이 지구 상에 '생각'을 감정으로 본 사람은 황제가 유일무이합니다! '생각'을 감정으로 분류하다니!! 세계적인 유명 심리학자들을 위시해서 통상의 많은 심리학자들은 모두 가장 강렬하고 뚜렷한 감정, 즉 트라우마(trauma)를 분석 대상으로 삼는데 반해 황제는 가장 희미하고 미세한 감정, 즉, '생각'을 분석 대상으로 삼은 것입니다! 트라우마를 분석하는 것은 누구나 할 수 있습니다. 그러나 생각을 분석 대상으로 한다는 것은 아무나 할 수 있는 일이 아닙니다. 황제는 모든 사람들이 놓치는 것에서 중요한 징표를 찾아냅니다. 《황제내경》에 의하면 '생각(思)'도 분명 병을 유발시키는 감정 중 하나입니다.

공포에 대하여

인간 심리의 흐름도를 개략적으로 살펴보았습니다. 심층에서부터 표층으로 나오는 흐름을 본 것이지요. 그럼 이번에는 반대로 표층에서 심층으로 들어가는 반대 흐름을 살펴보겠습니다.

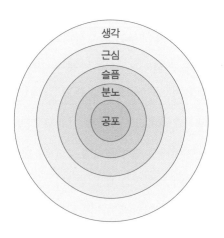

인문학으로 만나는 마음공부

신상에 우환이 생겼습니다. 그러면 우리는 맨 처음 이 문제에 대해 골똘히 생각합니다. 이것이 '생각(思)'입니다. 그다음 문제가 잘 해결되면 끝나지만 그렇지 않으면 고민이 점점 깊어지면서 다음 단계로 넘어갑니다. 이것이 '근심(憂)'입니다. 가령, 집안에 환자가 생긴 경우입니다. 이러면 근심·걱정이 쌓이고 이것이 장기화되면 우울증까지 생길 수 있습니다. 그러다가 오랫동안 중환자실에 계시던 부모님이 마침내 별세하셨습니다. 이것이 '슬픔(悲)'입니다. 부모님이 돌아가셨으니 슬픈 것은 당연한 일입니다. 그런데 반대로 어린 아들이 배타고 수학여행가다 배가 전복돼서 죽어버렸습니다. 이때는 슬픔(悲)이 아닙니다. 이때는 '분노(怒)'의 감정이 가슴 저 밑바닥에서 끓어오릅니다. 쫓아가서 선장놈 멱살이라도 잡아 흔들고 싶습니다. 이렇듯 부모가 죽으면 슬프지만, 자식이 죽으면 분노하게 됩니다.

그러면 이제 마지막 남은 게 '공포(恐)'입니다. 어떤 경우가 공포이겠습니까? 바로 본인의 사망입니다! 본인의 사망 앞에서 공포의 감정이 드러나는 것입니다. 아무리 효자라도 부모의 사망 앞에서 슬픔을 느낄 뿐 공포를 느끼지는 않으며, 아무리 좋은 부모라도 자식의 사망 앞에서 분노를 느낄 뿐 공포를 느끼지는 않습니다. 왜냐하면 부모는 죽어서 슬프고, 자식은 죽어서 분노하지만 그렇다고 그것이 내 생존과 직결된 것은 아니라는 것을 유기체는 본능적으로 알기 때문입니다. 이것이 효자의 한계입니다. 아무리 소문난 효자라도 부모가 죽어서 공포의 감정을 느끼는 효자는 없습니다. 결국 인간은 홀로 죽는 것이며, 아무도 남의 죽음을 대신할 수 없습니다. 사실 요즘 같으면 부모가 죽어 슬픔만 느껴도 큰 효자입니다.

'공포(恐)'의 또 하나의 특징은 속일 수가 없다는 점입니다. 희·노·우·사·비·경·공 중에서 경(驚)과 공(恐)은 속일 수가 없습니다. 안 기뻐도 기쁜 척할 수 있고, 슬퍼도 안 슬픈 척할 수 있으며, 근심·걱정이 있어도 없는 척할 수 있습니다. 그럼 분노는 어떨까요? 분노도 속일 수 있습니다. 딸의 성적표를 받아든 엄마가 딸에게 불같이 화를 냅니다. "너 이게 뭐냐! 이따위 걸 성적표라고 받아오느냐!" 고래고래 소리 지르고 호통을 치고 있습니다. 그때 딸 아이의 담임선생님에게서 전화가 옵니다. 그러면 딸을 혼내던 엄마의 목소리 톤이 어떻게 됩니까? 갑자기 부드럽고 공손한 톤으로 바뀌면서 웃음소리까지 냅니다. "어머머, 선생님 어쩐 일이세요? 별고 없으시지요? 제가 한번 찾아봬야 되는데 죄송해요 호호호." 분노하던 엄마는 어디로 갔습니까? 이렇듯 우리는 분노조차 속일 수 있습니다(《미움 받을 용기, 기시미 이치로 참조》). 그러나 공포(恐)는 속일 수 없습니다. 공포를 느낀 사람은 창피해서 공포를 속이고 싶지만 신장·방광이 먼저 알고 옷에다 오줌을 싸기 때문입니다.

우리 몸의 오장이 간肝·심心·비脾·폐肺·신腎입니다. 이 중에서 가장 깊숙한 장기가 신장(腎)입니다. 인간의 칠정이 희喜, 노怒, 우憂, 사思, 비悲, 경驚, 공恐입니다. 이 중에서 가장 깊숙한 감정이 공포(恐)입니다. 그런데 다 아시다시피 공포를 주관하는 장기가 바로 신장(腎)입니다. 즉 가장 깊숙한 장기가 가장 깊숙한 감정을 주

인문학으로 만나는 마음공부

관합니다. 이 일치가 놀랍지 않습니까? 이 일치가 우연이라고 생각 됩니까? 절대 우연의 일치가 아니지요. 가장 깊숙한 감정은 함부로 드러나면 안됩니다. 가장 깊숙한 감정은 가장 깊숙한 곳에 잘 숨겨 두어야 합니다.

일반적으로 심리학에서 분노를 인격의 붕괴라고 설명하지만, 그 것은 문명의 관점에서 보니까 그런 것이지, 야생의 관점에서 보면 전혀 그렇지 않습니다. 야생의 관점에서는 분노는 오히려 자아실현 입니다. 야생에서는 강자만이 분노를 표출할 수 있습니다. 약자는 감히 분노를 표출할 수 없습니다. 이것이 맞습니다. 문명의 관점은 간혹 진실을 왜곡시키는 경향이 있습니다. 즉, 분노는 남에게 피해 를 끼쳐서 그렇지 심리학적으로 볼 때 결코 인격의 붕괴가 아닙니 다. 진정한 인격의 붕괴는 공포입니다. 공포는 사람을 정신적으로 와해시킵니다. 그렇기 때문에 유기체는 공포를 느껴서는 안 되는 것 입니다. 공포 반응을 일으키게 되면 인격의 통일성이 급격히 훼손되 고 망가집니다. 아무리 총명하고 똑똑한 사람도 한번 공포를 느끼면 그길로 끝입니다. 식은땀이 나고 혀가 얼어붙어 말도 잘 못하는데 뭘 어떻게 해보겠습니까? 바지에 오줌을 쌌는데 그걸로 게임은 끝 난 겁니다. 그래서 우리 몸은 자기에게 해로운 공포를 안 느끼기 위 해서 다섯 겹의 벽으로 몸을 감싼 것입니다. 첫 번째 생각(思)으로 한 번 걸러내고, 두 번째 근심(憂)으로 한번 더 걸러내고, 세 번째 슬픔(悲)으로 또 걸러내고, 네 번째 마지막으로 분노(怒)로 걸러내는 겁니 다. 그래서 이 네 겹의 보호막이 제대로 작동하면 유기체는 공포에 굴복하지 않아도 됩니다. 만약 우리가 무언가에 공포 반응을 보인다는 것은 이 네 겹의 보호막이 다 무너졌다는 뜻입니다.

신장에 대하여

도가 양생술에서 가장 중시하는 것이 신장(腎)입니다. 고서에 이런 말이 있습니다.

靜坐則 腎水自昇
고요히 앉아 있으면 신수(腎水)가 저절로 올라온다.

이 말을 한 사람이 정확히 누구인지는 알 수 없으나, 확실한 것 한 가지는 이 사람은 공부가 완전히 익은 사람이라는 사실입니다. 이 사람은 깨달음이니 도니 이런 말을 한마디도 않지만 우리 몸의 원리에 완전히 통달한 사람입니다. 저 단순한 한마디 안에 '수승화강水昇火降'의 원리가 녹아 들어 있고 그 핵심에 '신장'이 있다는 것을 훤히 꿰뚫고 있습니다. 이런 사람은 수행을 해도 절차와 원리에 따라 조용조용히 하며, 쓸데없이 몸에 무리를 주지 않으며, 돈오돈수니 뭐니 하는 과격한 수행 따위를 멀리하고, 침착하게 무위자연을 따르니 나날이 심신이 평화롭고 안정되며 공부가 깊어져 갑니다. 신장에서 수水의 기운이 독맥을 타고 자연스럽게 올라와 심장의 화火 기운을 내리면서 온몸을 촉촉이 적셔주니 몸의 병이 저절로 낫습니다. 이런 사람은 음양이 저절로 균형을 이룹니다. 이런 사람을

인문학으로 만나는 마음공부

가리켜 '음양화평지인陰陽和平之人'이라 하는 것입니다. 이와 반대로 무언가를 억지로 해보려고 음양을 괴롭히는 사람들이 있습니다. 이런 사람을 가리켜 '음양동요지인陰陽動搖之人'이라 합니다.

몸 공부에서 가장 중시하는 것이 신장(腎)입니다. 그러나 처음부터 신장에서 신수(腎水, 신장의 수 기운)가 자승하는 것은 아닙니다. 여기에는 단계가 있습니다. 먼저 폐에서 우울과 슬픔이 정리되어야 합니다. 그다음 심장에서 열화가 정리되어야 합니다. 그다음 비장에서 잡다한 생각과 근심·걱정을 내려놔야 합니다. 그다음 간에서 분노를 내려놔야 합니다. 그래야 한 단계 한 단계 몸의 깊숙한 곳으로 기운이 내려와 마지막으로 신장에서 신수가 자출하게 되는 것입니다. 계속 분노하고 있다거나 계속 어떤 생각에 골똘해 있는 채로는 신수가 결코 자출할 수 없습니다.

신수가 자출하는 사람은 그 특징이 놀라는 게 없어진다는 점입니다. 공포나 경악이 없어집니다. 원래 사람이 깜짝깜짝 놀라는 것이 안 좋은 겁니다. 우리 동양 의학에서는 자꾸 놀래는 것을 안 좋은 것으로 봅니다. 공포와 경악은 원래 신장이 주관하는 것이므로 자꾸 놀랜다는 것의 의미는 육체적으로는 신장에 문제가 있다는 것이고, 심리학적으로는 자아와 세계 사이의 벽이 두껍다는 것입니다. 수행이란 여기서 자아와 세계 사이의 벽을 허물어뜨려 주는 것입니다. 그래서 너와 나 사이의 경계를 허물어 일체를 점차 하나로 만드는 것이고 결국 물아일체物我一體로 가는 것입니다. 이것을 '무내외無內外'라고 합니다. 너와 나의 장벽이 사라져 내외가 없어졌다는 뜻입니다. 이런 사람은 잘 놀래지 않습니다. 그러므로 어떤 승려가 고승인지 아닌지는 벼락 칠 때 보면 알 수 있습니다. 깜짝깜짝 놀라면 고승이 아니라 땡초입니다.

생리적으로 심하게 놀라면 방광경이 충격을 받아 옷에다 오줌을 싸게 됩니다. 한편 짠맛은 신장에 속하는 것이고 짠맛의 대표는 소금입니다. 그래서 옛날에는 애들이 밤에 잠을 자다 요에 오줌을 누면 머리에 키를 씌워 옆집에 가서 소금을 얻어오게 하였던 것입니다. 공포와 경악, 신장과 방광, 짠맛과 소금, 이 모든 것이 다 하나로 연결돼 있습니다.

'정좌靜坐 5단계'라는 것이 있습니다. 이것을 알면 '정좌즉 신수자승靜坐則 腎水自昇'이란 말의 의미를 더 깊이 이해할 수 있습니다.

靜坐則 肺氣 調和 (정좌즉 폐기조화)
靜坐則 心氣 調和 (정좌즉 심기조화)
靜坐則 脾氣 調和 (정좌즉 비기조화)
靜坐則 肝氣 調和 (정좌즉 간기조화)
靜坐則 腎氣 調和 (정좌즉 신기조화)

〈폐〉

이것은, 명상을 하면 우리 신체의 오장육부에 어떤 영향이 미치는지를 순서대로 정리해본 도식입니다. 명상은 맨 먼저 폐를 좋게 합

　　　　　　　　　　인문학으로 만나는 마음공부

니다. 명상의 시작과 끝은 호흡에 있으니 명상을 하면 폐기능이 좋아진다는 것은 당연하지 않겠습니까? 즉, 명상을 시작하면 맨 먼저 덕을 보는 장기가 폐입니다. 심호흡을 지속적으로 하니 폐가 깨끗해지고 그 기운이 왕성해집니다. 이렇게 폐기가 조화롭게 되면 그 영향은 어디로 갈까요? 바로 대장으로 갑니다. 폐·대장은 원래 한 켤레이니까요. 그래서 명상을 통해 폐 기능이 좋아지면 그 덕에 대장도 활동력이 살아나서 힘이 생기고 배변도 원활해져 변비 따위도 없어집니다. 원래, 폐는 신체 장기 중에서 가장 위에 있는 것이고 대장은 가장 아래 있는 것이어서, 위가 뚫리면 아래도 뚫리고 반대로 아래가 막히면 위도 막히는 것입니다. 명상이 끝나고 나서 폐기가 조화됐는지 아닌지는 '엄지척'을 점검해보면 압니다. 자연스럽게 양손이 '엄지척'이 되면 그날 명상이 제대로 된 것이고, 안 되면 제대로 안 된 것입니다. 폐는 원래 그 경락이 엄지손가락에 통해있기 때문입니다.

〈심장〉

둘째로 명상은 심장의 기운을 조화롭게 합니다. 여기서 잠시 심장에 대해 생각해볼 필요가 있습니다. 심장은 우리 신체 장기 중에서 가장 혹사당하는 기관입니다. 하루 24시간 중 단 1분 1초도 휴식하지 못하는 게 다름 아닌 심장입니다. 딴 기관 가령, 위나 대장 따위에 비해보면 심장이 얼마나 고생하는지 금방 알 수 있습니다. 위는 하루 세 번 밥 들어올 때만 일하면 되고, 대장은 하루 한번 배설

할 때만 일하면 되는데, 심장은 하루 온종일 한시도 쉬지 못하고 일해야 합니다. 심장이 힘들다고 '10분만 쉬었다 하자'고 하면 어떻게 되겠습니까? 이것은 불가능한 얘기죠. 그래서 심장 계통에는 질환이 많습니다. 협심증, 심근경색, 심장판막증, 심장비대증, 심장마비 등 심장관련 질병이 수두룩합니다. 이 모든 것은 심장이 하는 일이 많으니 과부하가 걸려서 그런 겁니다.

그럼 잠을 좀 자면 어떨까요? 잠을 잘 때도 마찬가지입니다. 잠을 자면 딴 신체 장기는 모두 휴식에 들지만 심장만은 홀로 야근합니다. 주인이 코 골고 자는데도 심장은 불평 한마디 없이 긴 밤을 내내 홀로 불침번을 섭니다. 그러니 얼마나 심장이 '과로 상태'에 놓여 있겠습니까? 요컨대, 심장이란 어떤 기관보다도 휴식이 필요한 기관입니다. 그러나 현실적으로 심장에는 휴식이란 있을 수가 없습니다. 여기에 심장의 딜레마가 있습니다. 그러면 이 상황에서 어떻게 해야겠습니까? 심장의 '과부하'를 줄여줘야 합니다. 그럼 심장의 과부하를 줄여주는 것이 무엇이 있겠습니까? 그것이 바로 명상입니다.

명상은 무엇보다도 심장에 휴식과 안정을 줍니다. 화가 나서 끓어오르는 마음속의 심화心火를 명상 말고 무엇이 가라앉혀 주겠습니까? 실제로 최근에 명상이 심장병과 고혈압 치료에 큰 도움이 된다는 임상보고서가 많이 나오고 있습니다. 어찌보면 이건 당연한 것이 아니겠습니까? 명상을 통해 심호흡을 하면 호흡수가 떨어지고, 호흡수가 떨어지면 맥박수도 자연히 떨어지기 때문입니다. 원래 호흡과 맥박은 밀접한 관계가 있는 것입니다. 호흡 한 번에 맥박이 두 번 뜁니다. 그러니까 날숨 한 번에 맥박 두 번, 들숨 한 번에 맥박 두 번, 따라서 들고나는 한 호흡에 맥박이 네 번 뜁니다. 그러므로 호흡수가 줄어들면 당연히 맥박수가 줄어드는 것이고, 맥박수가 줄어들면 그만큼 심장에 휴식을 주게 됩니다.

반대로 스트레스를 받아 호흡이 가빠지면 맥박수가 증가하여 몸 안에 긴장이 쌓이게 됩니다. 이러면 사람이 건강하게 오래 살 수가 없습니다. 호흡을 깊고 고요히 하여 맥박수를 줄이십시오. 그러면 그만큼 심장의 부담이 줄어듭니다. 통상 인간은 1분에 18번 호흡하며, 맥박은 70박 정도(≒ 18×4) 뜁니다. 이것이 통상 성인의 평균치입니다. 여기서 명상가와 일반인을 비교한 자료들을 보면 명상가는 일반인보다 맥박수가 대략 5박 정도 적게 뛰며, 깊은 명상에 들면 10박 정도 차이가 난다는 것을 알 수 있습니다. 가만히 앉아 있는 채로 맥박이 무려 10박이 줄어들 수 있다니, 심장에 얼마나 깊은 휴식을 주겠습니까? 이런 점에서 보면 명상이란 심장에 문제 있는 사람들에게 특효약이라 하지 않을 수 없습니다.

〈비장〉

폐와 심장은 둘 다 횡격막 위에 있는 것입니다. 조물주가 오장육부 중에서 폐와 심장은 횡격막 위에 두고, 나머지 장기들은 횡격막 아래 둔 것은 무언가 깊은 뜻이 있을 것입니다. 횡격막 위에서는 폐가 기체를, 심장이 액체를 처리합니다. 그러나 횡경막 아래에서는 위나 장처럼 고체(고형물질)를 처리합니다. 아무래도 고체를 처리하기 위해서는 공정이 복잡하고 소음·분진·진동 같은 게 많이 나면서 어딘지 공장 돌아가는 게 시끄럽지 않겠습니까? 이런 이유 때문에 횡격막의 위아래가 구분된 것이겠지요. 가벼운 기체·액체가 위에 있고 무거운 고체가 아래 있는 것은 인체 구조상 매우 합리적으로 보입니다. 만약 이것들의 위치를 뒤바꿔 놓으면 안 좋지 않겠습니까?

또, 폐와 심장은 살고 죽는 것과 직결되어 있습니다. 호흡과 심장박동은 잠시만 멈춰도 사람이 죽습니다. 그러나 횡격막 아래 있는 위니 장이니 하는 것은 일주일 정도 멈춰 있어도 사람이 죽지 않습니다. 또, 호흡과 심장박동은 앞에서 본 것처럼 상호 매우 밀접한 관계를 갖고 있습니다. 아마 이러한 여러 이유 때문에 조물주가 이 둘을 나란히 횡격막 위에 두신 것은 아닌지 생각됩니다.

횡격막 아래로 내려오면 우선 비·위가 있습니다. 비와 위는 한 켤레입니다. '비위가 좋다, 안 좋다' 라든가 '비위 상한다'라든가 하는 말을 많이 쓰는 데서도 그것을 짐작할 수 있습니다. 비·위는 경락 상으로 '중완中脘'혈과 관계가 있는 곳으로, 이곳에는 태양신경총이라고 하는 신경 다발이 밀집해 있는 곳으로서 요가에서는 여기를 '마니푸라(manipura) 차크라' 라고 부릅니다.

명상을 하면 이 부위의 기능이 조화롭게 됩니다. 우리는 흔히 배를 멍청한 살덩어리 정도로 아는데, 전혀 그렇지 않습니다. 배는 무수한 신경다발이 모여 있는 곳으로 생긴 것과는 달리 굉장히 예민한 기관입니다. 그러므로 아이들을 훈육한다고 밥상머리에서 애를 혼내면 안됩니다. 그러면 먹은 게 바로 체합니다. 그만큼 정서적으로 민감한 곳이 바로 복부입니다. 그래서 배를 가리켜 '복뇌腹腦'라 부르는 것입니다.

인간에게 뇌가 두 개입니다. 머리에 있는 것이 두뇌요, 배에 있는 것이 복뇌입니다. 복뇌를 잘 활용하시기 바랍니다. 복뇌를 잘 활용하면 두뇌가 훨씬 편해집니다. 즉, 두뇌의 과부하가 줄고 유연해지며 자연스럽게 됩니다. 생각을 조금 덜하게 되고 머리가 조금 더 개운해집니다. 모든 일을 두뇌 혼자서 하게 되면 머리에 무리가 갑니다. 그러다 보면 과부하를 못 이겨 뇌졸중, 뇌출혈, 뇌경색이 옵니다. 이런 뇌의 병변들은 실은 복뇌가 허약해서 오는 것들입니다. 명상은 여기서 복뇌를 강하게 해주는 것입니다.

〈간〉

명상은 맨 처음 폐 기운을 조화롭게 하며, 그다음 심장의 기운을 조화롭게 합니다. 그래서 그다음 횡격막 아래로 내려오면 비·위의 기운을 조화롭게 하고, 이것까지를 잘하고 나면 몸의 정기신精氣神이 이제는 간을 찾아가서 간의 기운을 조화롭게 합니다. 간의 기운을 조화롭게 해야 비로소 사람이 분노를 다스릴 수 있게 됩니다. 간이란 원래 분노가 귀속되는 기관이기 때문입니다. 《황제내경》은 이를 '간의 뜻은 분노이다(肝之志爲怒)'라고 말합니다.

간의 기운이 조화롭지 못한 사람은 자꾸 분노를 밖으로 표출합니다. 그러면 '쌈' 납니다. 반대로 분노를 안으로만 가둬두고 있는 사람이 있는데, 이 사람은 '병' 납니다. 분노는 폭탄과도 같은 것입니다. 안이든 밖이든 잘못하면 터집니다. 한번 터지면 여러 고을이 시끄럽고 여러 사람이 다칩니다. 그러므로 간 기운을 조화롭게 하여 이것이 안 터지도록 해야 합니다. 이것이 분노조절(anger-management)이며, 양생술의 핵심이며, 명상입니다.

명상 도중에 자꾸 과거의 분노와 화가 끌어올라 이를 못 잊는 사람은 명상이 더 깊어지지를 못합니다. 이것이 명상의 고비입니다. 모든 사람은 마음 밑바닥 깊은 곳에 다 분노가 있습니다. 분노가 없는 사람은 없습니다. 정도의 차이가 있을 뿐이지 순한 사람이나 까칠한 사람, 선한 사람이나 악한 사람이나 사람은 모두 마음속 밑바닥에 분노가 있습니다. 정신분석학에서 이것을 '핵심 감정(nuclear feeling)'이라고 합니다. 명상이란 이 감정의 응어리를 녹이는 작업입니다. 그래서 다는 녹지 않더라도 어떤 부분들이 조금씩 녹아갈 때 우리 인간은 좀 더 나은 인간, 좀 더 자유로운 인간이 되는 것입니다. 이렇게 분노가 해결이 돼야 마침내 감로수와도 같은 타액이 입안에 돌게 되면서 마침내 '정좌즉 신수자승(靜坐則腎水自昇)'이 되는 것입니다. 입안의 침이 이렇게 중요한 것입니다. 분노에 사로잡혀 있으면 결코 입안에 금진옥액(金津玉液, 침)이 자출하지 않습니다. 그때는 오히려 침이 바짝바짝 마를 따름입니다. '신수자승(腎水自昇)'은 그러므로 한 사람에게 있어서 명상의 큰 사이클이 한 바퀴 끝났음을 알려주는 뜻 깊은 신호입니다.

인문학으로 만나는 마음공부

뇌에 대하여

명상이 오장육부에 미치는 영향을 살펴보았습니다. 그런데 우리 인체의 중요 기관 중에 오장육부에 속하지 않는 것이 딱 하나 있습니다. 그것이 바로 뇌입니다. 조물주는 오장육부와는 독립된 것으로 따로 뇌를 두었습니다. 왜 그랬을까요? 그것은 마치 옛날 나라에 이·호·예·병·형·공 육조六曹가 있지만 이와 별로도 임금이 있는 것과 같은 이치라고 봐야겠지요.

뇌의 무게부터 알아볼까요? 뇌의 무게는 몸무게의 약 2퍼센트 정도입니다. 그러니까 몸무게 70킬로그램인 성인의 경우 뇌는 약 1.4킬로그램 정도 됩니다. 인간의 두개골은 왜 있는 것인가요? 뇌를 보호하기 위해서입니다. 등의 척수를 등뼈가 감싸 보호하듯이, 뇌를 보호하기 위해 조물주께서 두개골 뼈로 감싸주신 것입니다. 그만큼 뇌가 중요하기 때문입니다.

뇌에서 쓰는 혈액량을 알아볼까요? 몸무게의 2퍼센트에 불과한 이 조그만 뇌에서 사용하는 혈액량은 몸 전체 혈액의 무려 20퍼센트나 됩니다. 자그마치 10배에 해당합니다. 뇌라는 게 이렇게 중요한 기관입니다.

또 관점을 바꿔서 생각해보면 인간의 여러 기관 중에서 가장 욕심이 많은 기관이 바로 뇌라 할 수 있습니다. 이것은 아사자의 뇌를 보면 금방 알 수 있습니다. 아사자를 부검해보면 다른 기관들은 다 작아져 있는데 반해 뇌는 원래의 무게 그대로를 유지하고 있습니다. 여기서 우리가 알 수 있는 것 한 가지는 인간의 '자아'라는 것이 얼마나 강한 것인가 하는 점입니다.

뇌란 곧 자아입니다. 그러나 오장육부는 자아가 아닙니다. 오장육부는 자아가 아니라 '자연'입니다. 오장육부는 우리가 누구인지 전혀 알지 못합니다. 오장육부는 우리가 누구인지 신경도 안 씁니다. 오장육부는 그냥 하나의 자연으로서 자신의 길을 갈뿐입니다. 우리는 이 오장육부를 컨트롤할 수 없습니다. 오장육부는 우리의 말을 듣지 않습니다. 걔들은 자연의 말을 듣습니다. 그러나 뇌는 이와 반대입니다. 뇌는 자연의 말을 듣지 않습니다. 뇌는 자아의 말을 듣습니다. 아니, 뇌 자체가 바로 우리 자신이며, 자아입니다. 다시 말해 오장육부는 자연이며 무위인데 반해, 뇌는 인간이며 유위有爲입니다. 우리 몸 안에 이렇게 이질적인 두 세력이 공존하고 있습니다.

이 두 세력 사이에는 늘 긴장과 대립이 감돕니다. 그리고 시시때때로 충돌합니다. 이것이 우리 몸입니다. 그러므로 뇌가 하라는 대로 하는 사람은 결국 오장육부에 탈이 나게 돼있는 것입니다. 인위와 조작이 너무 앞서면 자연은 망가질 수밖에 없습니다. 여기서 그럼 우리는 인간의 편을 들어줘야겠습니까, 자연의 편을 들어줘야겠습니까? 당연히 자연의 편을 들어줘야 합니다. 아니, 자연을 따라야 합니다. 자연을 거스르면 반드시 재앙이 오게 돼있습니다. 모든 생명체는 자연과 조화를 이루어야 합니다. 그래야 건강해집니다. 여기서 인간의 편이 아니라 자연의 편을 드는 행위, 그것이 명상입니다.

인문학으로 만나는 마음공부

탈뇌입도(脫腦入道)

명상이란 뇌를 자연과 조화시키는 것입니다. 뇌에서 인위와 조작을 걷어내고 자연의 주파수에 맞추는 것, 이것이 명상입니다. 자연의 주파수에 마음을 맞추기 위해서는 뇌가 정화되고 순수해져야 합니다. 그러므로 명상이 깊어지면 그 사람은 뇌가 변합니다. 뇌에서 인위와 조작이 떨어져 나가기 때문에 뇌가 고요해지며 안정됩니다. 말하자면 뇌 속의 이런저런 잡다한 스위치들이 다 꺼진 상태가 되는 것입니다. 그렇게 되면 뇌가 점점 깊숙이 안으로 열리면서 비밀의 영역에 도달하게 됩니다. 이것을 가리켜 노자가 《도덕경》 제1장에서

　　현지우현 중묘지문(玄之又玄 衆妙之門)
　　- 어둡고 어두운 가운데 모든 신비의 문이 있도다.

라고 했던 것입니다. 노자의 이 통찰은 사실 고대 동아시아의 하늘에 혜성처럼 나타났습니다. 그 이전에 어떤 누구도 이렇게 말한 사람이 없었습니다. 뇌의 잡다한 스위치들을 꺼야 합니다. 그래야 뇌가 열리고, 천지정신과 왕래하게 됩니다. 명상을 잘못 이해하는 사람들은 뇌를 더 가동시켜서 뇌 속의 여러 스위치들을 켜야 하는 걸로 생각하지만, 그것이야 말로 명상에 대한 커다란 착각입니다. 그것은 명상冥想이 아니라 망상妄想입니다. 부디 뇌 속의 모든 스위치들을 끄십시오. 이것이 명상의 핵심입니다. 노자는 지금 이 말을 저렇게 하고 있는 것입니다.

쉽게 이해되기 어려운 노자의 통찰을 넘겨받은 사람이 바로 장자입니다. 우리는 동아시아에서 장자의 출현을 매우 큰 축복으로 받아 들여야 합니다. 장자가 없었더라면 노자는 아마 충분히 이해되기 어려웠을 것입니다. 장자 덕에 노자《도덕경》의 심오한 구절들이 후세 사람들에게 제대로 이해되고 전달될 수 있었습니다. 장자의 공로 중에 우리가 잊지 말아야할 가장 커다란 공로가 바로 '좌망'에 대한 언급입니다. 장자는 동아시아에서 최초로 직접적이고 명확한 언어로 명상에 대해 정의내린 사람입니다.

타지체(墮枝体, 몸을 잊어버리고)
출총명(黜聰明, 총명을 몰아내며)
이형거지(離形去知, 형체를 떠나고 마음의 앎을 버림으로써)
동어대통(同於大通, 무한의 세계와 하나가 되는 것)

이것이 바로 저 유명한 장자의 '좌망坐忘'입니다. 명상의 요체가 불과 글자 14개 속에 고스란히 다 들어 있습니다. 한마디도 더 보탤 말이 없고, 한마디도 더 뺄 말이 없습니다. 장자는 동서고금에 다시 볼 수 없을 거장다운 솜씨로 명상의 핵심을 짚어주고 있습니다. 이것은 결코 아무나 할 수 있는 것이 아닙니다. 장자는 요즘 사람들이 책 한권을 써서 설명해도 다 못할 일을 불과 네 구절의 문장에 다 담아냈습니다. 이것은 오직 장자만이 할 수 있는 일입니다. 장자가 명상을 이렇게 정의한 이후 2,500년이 지났지만, 지구상 어느

인문학으로 만나는 마음공부

누구도 장자보다 더 명쾌하게 명상을 정의한 사람은 없습니다. 인도, 페르시아, 유대, 그리스, 티베트 등 내로라하는 영적 세계의 고수들이 사는 여러 고을들을 총망라해도 명상을 장자처럼 이렇게 간단명료하게 정의내린 사람은 찾기 어렵습니다. 어떤 나라, 어떤 문명들은 아예 명상 자체를 모르는 곳도 있습니다. 장자 같은 사람이 한 문명권 안에 한 명도 안 태어난 그런 문명도 있다는 뜻입니다. 그러니 우리 동아시아인들은 장자 앞에 다시 한번 머리 숙여 감사해야 마땅합니다.

장자의 '좌망 4구게' 중에서도 '출총명(黜聰明, 총명을 몰아내는 것)' 일구가 핵심 중의 핵심입니다. '타지체(墮枝体, 몸을 잊어버리는 것)'는 팔·다리 등 신체를 잊어버리는 이완 단계로서, '출총명'을 위한 준비동작입니다. 그다음 감각을 잠재워 총명을 몰아내야 합니다. 그러나 누가 과연 자기 스스로 다른 것도 아닌 '총명'을 몰아낼 수 있겠습니까? 우리는 조금이라도 더 영특해지고 총명해지기 위해 명상을 하는 것이 아니었던가요? 우리 모두는 이렇게 생각했기 때문에 명상이라는 것을 하려고 했던 것 아닌가요? 그런데 장자는 통념과 상식을 완전히 깨고 정반대의 것을 말하고 있습니다.

노자의 말을 생각해보십시오. 스위치를 꺼야 한다고 하지 않았습니까? 노자의 '현지우현(玄之又玄)', 즉 스위치를 끄는 것, 그것이 바로 장자의 '출총명(黜聰明)'입니다. 출총명이란 통상적인 뇌의 상태에서는 불가능한 개념입니다. 출총명이란 뇌의 작동이 멈추었음을 의미하는 것입니다. 뇌의 통상적인 프로세스가 가동되고 있는 한에는 그것은 명상이 아닙니다. 그것은 스스로 '명상'한다고 생각하는 '망상'일 뿐입니다. 이른바 소설을 쓰면서 명상한다고 앉아있는 사람들이 적지 않습니다. 소설을 내려놓으십시오. 생각을 내려놓으십시오. 스위치를 끄십시오. 진정한 명상은 생각을 멈추는 것이며, 뇌를 벗어나는 것입니다. 이것을 가리켜 저는,

　　탈뇌입도(脫腦入道)

라 부릅니다. '뇌를 벗어나야 도에 들 수 있습니다.' 뇌를 가지고 조작을 하는 한 우리는 도에 들 수 없습니다. 뇌는 인위이고 유위이며, 조작입니다. 도는 자연이며, 무위이며, 하늘입니다. 인위와 조작으로는 하늘의 도에 이를 수 없습니다. 인간의 사고 패턴을 뛰어넘은 거기에 도가 있습니다. 이것이 '탈뇌입도'입니다. 하늘에서 지금막 위대한 계시가 내리려고 하는데, 뇌가 분수없이 자꾸 재잘 거려서는 안됩니다.

　명상은 뇌를 조작하는 것이 아닙니다. 명상은 오직 '탈뇌', 즉 뇌의 작동이 멈추는 것입니다. 탈뇌라야 텅 빈 마음이 됩니다. 이렇게 마음이 텅 비어야 거기에 도가 들어오고, 진리가 들어오며, 하느님이 들어옵니다. 이렇게 텅 빈 이 마음, 노자가 허虛라고 부른 이 마음, 이것이 바로 순수의식(Pure Consciousness)이며, 우주의식(Cosmic Consciousness)이며, 절대의식(Absolute Consciousness)입니다. 이 마음이 바로 하늘 마음이며, 우리의 본래 마음입니다. 반면, 뇌는 유한이고

　　　　　　　　　인문학으로 만나는 마음공부

개체이며 자아입니다. 그러므로 뇌는 천지만물을 품을 수 없습니다. 천지만물을 품을 수 있는 것은 오직 텅 빈 마음입니다. 이 마음이 우리의 참 본질입니다.

마음은 불멸입니다.
마음은 무한입니다.
마음은 하늘입니다.
마음은 도입니다.

심즉도心則道 입니다.

저는 어려서 불교공부를 했습니다. 많은 어려운 한자들이 있었지만, 그중에서 '심즉불(心則佛, 마음이 곧 부처다)'이란 말이 제가슴에 꽂혔습니다. 그후 양명학 공부를 했는데 좀 지루하긴 했지만, '심즉리(心則理, 마음이 곧 하늘의 이치다)'란 말을 얻어듣게 되었습니다. 생각해보니 두 말이 서로 비슷했습니다. 그후 내친김에 주자학 공부를 했는데, 엄청 지루하고 졸렸지만 주자학의 핵심골자가 '성즉리(性則理, 본성이 곧 하늘의 이치다)'라는 걸 알게 되었습니다. 생각해보니 이 말도 서로 비슷한 말이었습니다. 심心이나 성性은 다 우리 마음이고, 이理나 불佛은 하나는 이치고, 하나는 이치를 깨달은 사람일 뿐 내용적으로 다를게 하나도 없었습니다.

여기까지는 좋았는데 문제는 그다음부터였습니다. 심즉불(불교), 심즉리(양명학), 성즉리(주자학) 모두 우리 마음을 가리킨다는 것은 알겠는데, 그 마음을 어떻게 해야 이치에 이르고 부처에 이르는지 말만 무성하지 원리가 명확치 않았습니다. 특히 주자의 설들은 말은 마음공부인데 실제는 마음공부의 요체를 거의 구비하지 못해 실망스럽기까지 했습니다.

그후 친구를 따라다니다 기독교 공부도 좀 하게 됐는데, 이 공부는 지루하다기보다는 괴력난신에 황당무계가 가득했지만, 그중에서 '마음이 가난한 자는 복이 있나니 하늘나라가 그들의 것이다'라는 말이 예수공부의 핵심이라는 점은 알게 되었습니다.

그러나 예수공부는 앞의 심즉불, 심즉리, 성즉리 공부와는 뜻이 서로 잘 통하지 않았습니다. 더욱이 '하늘나라'라는 개념은 너무 비철학적인 개념이라서 제게 잘 맞지 않았습니다. 아무튼 이것이 문제였습니다. 제가 생각할 때 우주의 진리는 하나이고, 따라서 모두 서로 통하는 것인데 이상하게 막혀 통하지 않게 된 것 같았습니다. 만약 통하지 않는다면 그중에 하나는 진품이 아니고 가짜가 되는 것인데, 세계의 큰 종교들끼리 그럴수는 없지 않겠습니까?

그러던 차에 어려서부터 읽어오던 노자의 구절들이 불현듯 머리에 떠올랐습니다. 그래서 노자의 《도덕경》을 찬찬히 따라가 보니 노자의 모든말은 '허虛'라는 글자 하나에 귀결된다는 것을 알게 되었습니다. 노자는 '허의 극치에 이르렀을 때 도道를 볼 수 있다'

고 《도덕경》에서 말하고 있었습니다. 저는 이 대목에서 무릎을 탁쳤습니다. 아마 장자도 그랬던 것 같습니다. 장자는 그리하여 노자의 허를 받아 '유도집허(唯道集虛, 도는 오로지 텅빈 허에만 모이는 법이다)'라는 유명한 구절을 남겼습니다. 그렇습니다. 핵심은 '허虛'였습니다.

이렇게 되자 저의 의문은 햇볕에 눈 녹듯 녹아 없어졌습니다. 심즉불, 심즉리, 성즉리에서 심心과 성性은 그것이 '허'에 도달해야 비로소 이理도 되고, 부처(佛)도 되는 것입니다. 무언가 삿된 잡념의 찌꺼기들이 남아있어서는 그것은 이理도 아니고, 부처(佛)도 아닙니다. 말하자면 허심즉불虛心則佛, 허심즉리虛心則理인 것입니다.

또한 이렇게 되자 예수공부에서 막혔던 것도 뚫렸습니다. 예수가 말했던 '마음이 가난한 자는 복이 있나니 하늘나라가 그들의 것이다'라는 말은 노자의 '허의 극치에 이르렀을 때 도를 볼 수 있다'는 말과 같은말입니다. 즉 예수의 '가난한 마음'이 바로 노자의 '허'이며, '하늘나라'가 바로 '도'인 것입니다. 예수의 '마음의 가난'은 결코 물질적이거나 경제적인 개념이 아닙니다. 그것은 존재론적 · 영적 개념입니다. 그것은 온갖 세속적이고 이기적이고 타산적인 생각을 내려놓았을 때 비로소 생기는 숭고하고 텅빈 마음, 즉 허虛입니다.

인간의 마음에는 두 가지가 있는 것 같습니다. 때묻고 더러움에

인문학으로 만나는 마음공부

오염된 개체의식과 어떤 때도 더러움도 없는 우주의식이 그것입니다. 모든 마음공부는 오염된 개체의식을 넘어 순수한 우주의식으로 가는 것입니다. 우리는 땅에 걸려 넘어지지만 역시 땅에 의지하여 일어섭니다. 우리는 마음에 걸려 넘어지지만 역시 마음 안에서 일어섭니다. 쓰러지는 곳도 마음 안이고, 일어서는 곳도 마음 안입니다. 그러니 언제든 쓰러지더라도 다시 일어설 수 있습니다. 모든 것은 마음입니다. 우리 마음 안에 하늘마음이 들어있습니다. 저는 이것을 '심즉도心則道'라 불러 보았습니다.

인문학으로 만나는

마음공부

초판 발행 2017년 2월 1일 **개정판 초판 발행** 2019년 3월 20일

지은이 차경남
펴낸곳 글라이더 **펴낸이** 박정화

등록 2012년 3월 28일(제2012-000066호)
주소 경기도 고양시 덕양구 화중로 130번길 14(아성프라자 6층 601호)
전화 070)4685-5799 **팩스** 0303)0949-5799 **전자우편** gliderbooks@hanmail.net
블로그 http://gliderbook.blog.me/
ISBN 979-11-86510-92-6 03100

이 도서의 국립중앙도서관 출판예정도서목록(CIP)은 서지정보유통지원시스템
홈페이지(http://seoji.nl.go.kr)와 국가자료공동목록시스템(http://www.nl.go.kr/
kolisnet)에서 이용하실 수 있습니다.(CIP제어번호: CIP2019008208)